Björn Freivogel

Robotic Process Automation (RPA) im Unternehmen

Erfolgsfaktoren und Empfehlungen für die Einführung

Bibliografische Information der Deutschen Nationalbibliothek:

Die Deutsche Nationalbibliothek verzeichnet diese Publikation in der Deutschen Nationalbibliografie; detaillierte bibliografische Daten sind im Internet über http://dnb.d-nb.de abrufbar.

Impressum:

Copyright © Studylab 2020

Ein Imprint der GRIN Publishing GmbH, München

Druck und Bindung: Books on Demand GmbH, Norderstedt, Germany

Coverbild: GRIN Publishing GmbH | Freepik.com | Flaticon.com | ei8htz

„Robotic Process Automation takes the Robot out of the human"

Leslie Willcocks

Zusammenfassung

Fragestellung und Zielsetzung

Zahlreiche Aufgaben eines Unternehmens folgen einem strukturierten Ablauf und könnten automatisiert werden, treten jedoch zu selten auf, um den Automatisierungsaufwand zu rechtfertigen. Mit *Robotic Process Automation* (RPA) soll sich dies ändern: Indem ein Roboter die Eingaben auf einer bestehenden Benutzeroberfläche emuliert, sind keine Änderungen in der Zielapplikation notwendig, wodurch eine Automatisierung zeitnah und kostengünstig möglich ist. Das Potenzial von RPA und die Erfahrungen aus bereits realisierten Einführungen sind zwar vielversprechend, jedoch stehen dieser Zuversicht auch zahlreiche gescheiterte RPA-Projekte gegenüber. Der Kern dieser Thesis beleuchtet aus diesem Grund die zentralen Erfolgsfaktoren bei der Einführung eines RPA-Systems mit dem Ziel, einem Kreis von Interessierten die Essenz der Erfahrungen erfolgreicher Einführungen mit auf den Weg zu geben.

Theorie

Der theoretische Teil gibt einen Einstieg und Überblick über das Thema RPA, zeigt die Merkmale und die Funktionsweise von RPA-Systemen auf und geht auf die Abgrenzung zu Business Process Management System (BPMS) ein. Die Eigenschaften geeigneter Prozesse werden beleuchtet, und auf die Wichtigkeit der systematischen Auswahl von Prozesskandidaten wird hingewiesen. Aus den umfangreichen Literaturquellen werden der potenziell vielseitige Nutzen und die Grenzen sowie Herausforderungen, die eine RPA-Einführung mit sich bringen kann, konzentriert aufgezeigt. Als Abschluss des theoretischen Teils folgen die Empfehlungen und Erkenntnisse für eine erfolgreiche Einführung, die anschliessend in der Empirie überprüft werden.

Methode

In der Offenheit und der dialog-fokussierten qualitativen Forschung sieht der Verfasser die beste Möglichkeit, um auf die verschiedenen Umgangsweisen der Unternehmen bei der Einführung eines RPA-Systems einzugehen. Die Erfolgsfaktoren werden mithilfe von Leitfadeninterviews mit Experten aus den Zielgruppen Anwender/Applikationsverantwortliche, Hersteller und Berater aus verschiedenen Blickwinkeln betrachtet. Die transkribierten Interviews dienen anschliessend als Datenmaterial für die qualitative Inhaltsanalyse, welche die Ergebnisse strukturiert verdichtet.

Ergebnisse und Schlussfolgerung

Die Erkenntnisse des theoretischen Teils spiegeln sich in den Erkenntnissen der Empirie deutlich wider und werden durch diese ergänzt und konkretisiert. Am Anfang eines Vorhabens ist es zentral, sich fundiert Gedanken darüber zu machen, wie RPA in einem Unternehmen langfristig positioniert werden soll. Der initiale Einsatz und der Ausbau können in kleinen Schritten erfolgen, wobei es wichtig ist, eine Vision zu haben. Weiter sollen die Mitarbeitenden im Rahmen eines *Change-Managements* von Prozessbeginn an involviert sein. Eine klare Kommunikation über die Ziele des Vorhabens zerstreut die meist übertriebenen Ängste der Mitarbeitenden. Essenziell ist die Unterstützung der Geschäftsleitung. So soll ein Vertreter des Managements vorangehen, die Wichtigkeit der Einführung betonen und die Mitarbeitenden dazu motivieren, intern beizuwohnen. RPA wird attraktiv, wenn es skalieren kann, was meist nur möglich ist, wenn die Prozesskandidaten in der ganzen Unternehmensbreite identifiziert werden können. Dabei sollte das aktuell mögliche Spektrum mit klarer Abgrenzung zur künstlichen Intelligenz von RPA aufgezeigt und die Erwartungen des Managements frühzeitig abgeholt werden.

Ein weiterer zentraler Erfolgsfaktor ist die frühzeitige Beteiligung der IT-Abteilung, die eine Voraussetzung für den Aufbau einer skalierbaren und sicheren Robotik-Infrastruktur ist. Da die bestehenden *IT-Policies* meist (noch) nicht auf einen Einsatz von RPA ausgelegt sind, empfiehlt es sich, genügend Zeit für Aufklärungs- und Überzeugungsarbeiten einzuplanen. Zusätzlich sollte gemeinsam mit der IT-Abteilung geprüft werden, ob auf der jeweiligen Zielapplikation bereits alle Möglichkeiten ausgeschöpft wurden. Die Integration über die schon vorhandene Applikationslandschaft ist das primäre Ziel, während ein Roboter, abgesehen von taktischen und vorübergehenden Lösungen, nur die zweit- oder drittbeste Lösung darstellt. Ferner ist eine *Governance* für den mittel- und langfristigen Erfolg eines RPA-Einsatzes unentbehrlich. Von Vorteil kümmert sich eine zentrale Stelle respektive ein zentrales Team darum, beispielsweise in Form eines *Center of Excellence*.

Inhaltsverzeichnis

Zusammenfassung IV

Vorwort VIII

Glossar IX

1 Einleitung 1

    1.1 Ausgangslage 1

    1.2 Forschungsproblem 2

    1.3 Forschungsfrage 3

    1.4 Zielsetzungen, inhaltliche Abgrenzung 4

    1.5 Aufbau und Vorgehensweise 6

2 Theoretischer Teil 9

    2.1 Literaturrecherche 9

    2.2 Stand der Forschung 11

    2.3 RPA Grundlagen 14

    2.4 Einsatzbereich von RPA 23

    2.5 Nutzen von RPA 30

    2.6 Grenzen und Herausforderungen 33

    2.7 Erfolgsfaktoren 35

    2.8 Theoretische Erkenntnisse 40

3 Methodische Vorgehensweise 43

    3.1 Qualitative Forschung 43

    3.2 Leitfadeninterview als Experteninterview 44

    3.3 Vorgehen 44

    3.4 Datenerhebung 45

    3.5 Datenauswertung 57

4 Empirischer Teil **64**

    4.1 Kategorie: Ausgangslage/Motivation 64

    4.2 Kategorie: Projektinitialisierung 65

    4.3 Kategorie: Prozesskandidaten 68

    4.4 Kategorie: Herausforderungen 70

    4.5 Kategorie: Faktoren 73

    4.6 Kategorie: Nutzen 77

    4.7 Kategorie: Betrieb 78

5 Schlussfolgerungen **81**

    5.1 Zusammenfassung der Ergebnisse 81

    5.2 Kritische Würdigung der Ergebnisse 84

    5.3 Ausblick und weiterer Forschungsbedarf 85

    5.4 Abschlussbemerkung/Reflexion 86

Anhang **87**

    Quellenverzeichnis 87

    Abkürzungsverzeichnis 92

    Tabellen- und Abbildungsverzeichnis 93

Vorwort

Auf das Thema RPA hat mich mein Arbeitskollege, Herr Stefan Michel, der mir auch stets mit wertvollen Ratschlägen zur Seite stand, aufmerksam gemacht, wofür ich ihm danken möchte. Als Wirtschaftsinformatiker bin ich seit über 20 Jahren im Bereich von Kernbankensystemen tätig und betrachtete die Entwicklung von RPA bisher nur aus der Ferne. Den Medien konnte ich in meist oberflächlichen Berichten sowohl äusserst positive als auch negative Erfahrungen entnehmen. Als ich vernahm, dass sich mein Arbeitgeber über einen Einsatz von RPA Gedanken macht, nahm ich diesen Umstand zum Anlass, das Thema RPA und dessen erfolgreiche Einführung im Detail zu beleuchten.

Danken möchte ich an dieser Stelle allen Interviewpartnern, die sich trotz ihrer sehr gefüllten Agenden für die Gespräche zur Verfügung gestellt haben und bereit dazu waren, ihre Erfahrungen mit mir zu teilen.

Ein spezielles Dankeschön geht an meinen Referenten, Herrn Guido Schlobach, der mit seiner fachlichen Beratung und präzisen Antworten auf meine Fragen zur Entstehung und Entwicklung dieser Arbeit beigetragen hat. Ebenfalls speziell danken möchte ich meinen Schwiegereltern, Frau Uschy Fuchs für das Korrektorat und Herrn Emmerich Fuchs für seine stets wertvollen und konstruktiven Inputs, nicht nur im Rahmen dieser Thesis, sondern während meiner bisherigen beruflichen und schulischen Laufbahn.

Zum Schluss gilt mein besonderer Dank meinen Eltern und meiner Familie für die stetige Unterstützung, insbesondere meiner Frau Karin und meinen Kindern Lenny und Malea, die mich immer wieder entbehren mussten und die anstrengende Zeit mit viel Geduld ertragen haben. Zudem bedanke ich mich bei Frau Sara Furler für das Lektorat dieser Arbeit.

Aus Gründen der besseren Lesbarkeit des Textes wird in dieser Arbeit auf die Schreibweise mit -er/-innen verzichtet. Stattdessen werden die generellen Bezeichnungen von Personen in der kürzeren, männlichen Schreibweise verwendet. Diese Schreibung wird als Synonym für die weibliche und männliche Form genutzt, es werden also alle weiblichen und männlichen Personen gleichberechtigt angesprochen.

Glossar

Agile Vorgehensmethodik	«Mit agilen Methoden zur Softwareentwicklung versucht man, schnell verfügbare Entwicklungsergebnisse zu erzielen und damit die Zeitspanne bis zur Markteinführung zu verkürzen. Während der Entwicklung kommt es immer wieder zu Änderungen bei den Anforderungen («moving targets»). Diese sollen ebenfalls berücksichtigt werden [...]» (Ruf & Fittkau, 2008, S. 36).
application programming interface (API)	«Eine Anwendungsprogrammierschnittstelle, [...] die detailliert angibt, wie ein Dienstaufruf an diese Instanz zu programmieren und zu verwenden ist» (Fischer & Hofer, 2010, S. 45).
Backlog	«Das Backlog ist die Menge aller Anforderungen, die in ihrer Summe und Umsetzung das Produkt ergeben. Man könnte es also als eine Art Fachkonzept bezeichnen. Ein wichtiger Unterschied dazu ist aber, dass die im Backlog enthaltenen Anforderungen aus Sicht des Kunden, also in seiner Fachsprache und aus seiner Sicht, wie das Produkt genutzt werden soll, beschrieben sind» (Preussig, 2018, S. 76).
Business Process Management (BPM)	«Die Führungsaufgabe, die auf die Gestaltung und Nutzung der Geschäftsprozesse ausgerichtet ist, die ganzheitliche Planung, Überwachung und Steuerung von Geschäftsprozessen, von dem sie auslösenden Ereignis bis zu ihrer Beendigung über alle beteiligten Funktionalbereiche und Instanzen des Unternehmens hinweg [...]» (Heinrich, Heinzl, & Roithmayr, 2004, S. 12).
Business Process Management System (BPMS)	"Klassische Geschäftsprozess-Managementsysteme, [...], [die] später dann auch als Business Process Management System (BPMS) eingeführt wurden, fokussieren auf die Automatisierung von Routine-Geschäftsprozessen, deren Ablaufverhalten schon zur Entwurfszeit vom Prozessdesigner vollständig festgelegt wird" (Buck-Emden & Alda, 2017, S. 101).
Business Process Outsourcing (BPO)	«Eine Dienstleistung bzw. ein Dienstleister, die bzw. der die Abwicklung eines oder mehrerer Geschäftsprozesse für seine Kunden übernimmt [...]» (Heinrich, Heinzl, & Roithmayr, 2004, S. 133).
Center of Excellence	Ein Center of Excellence ist im Wesentlichen ein Weg, um RPA in die Organisation einzubetten und ein internes, selbsterhaltendes und skalierbares RPA-Fachwissen für die Bereitstellung, den Betrieb und die Wartung von Robotern zu entwickeln (UiPath).
Change-Management	«Verwaltung des Wechsels/Wandels; in unserem Zusammenhang: Verwaltung und Planung von grossen Veränderungen auf dem Gebiet der Software: Migrationen, Reorganisationen, Reengineerings, [...]» (Fischer & Hofer, 2010, S. 162).
Cloud Computing	«Unter Cloud Computing wird ein IT-basiertes Bereitstellungsmodell verstanden, bei dem Ressourcen sowohl in Form von Infrastruktur als auch Anwendungen und Daten, als verteilter Dienst über das Internet, durch einen oder mehrere Leistungserbringer bereitgestellt werden» (Schwarzer & Krcmar, 2014, S. 65).

Customer Relationship Management (CRM)	«Konzepte und (digital-)technische Hilfsmittel zur Verwaltung der Kundenbeziehungen und -daten [...]» (Fischer & Hofer, 2010, S. 193)
Enduser-Computing	«Beim sogenannten Enduser-Computing, auch individuelle Datenverarbeitung genannt, entwickelt der Mitarbeiter mit Hilfe von Anwenderwerkzeugen [...] selbständig kleinere Anwendungen für sein spezifisches Aufgabengebiet» (Schwarzer & Krcmar, 2014, S. 135).
Enterprise Resource Planning (ERP)	«Planung betrieblicher Ressourcen und Prozesse wie Personal, Kunden, Kapital, Maschinen, Materialien, Bestellungen, Transporte, Zeit usw.; in der Informatik Sammelbegriff für Software-Werkzeuge zur Lösung entsprechender Aufgaben» (Fischer & Hofer, 2010, S. 301)
Erfolgsfaktor	«Die Eigenschaft eines Objekts (z. B. einer Organisation, einer Strategie, eines Vorgehensmodells, des Projektmanagements), deren Vorhandensein und positive Ausprägung dazu beiträgt, den mit dem Objekt verfolgten Zweck mit höherer Wahrscheinlichkeit zu erreichen als ohne deren Vorhandensein bzw. bei negativer Ausprägung [...]» (Heinrich, Heinzl, & Roithmayr, 2004, S. 235).
Governance	«Die Verteilung von Aufgaben, Ressourcen und Entscheidungskompetenzen der Informationsfunktion im Unternehmen [...], die sich – ausgehend von den Fähigkeiten des Unternehmens – am Zielsystem orientiert und einen Rahmen schafft, der den Beteiligten zielkonformes Handeln ermöglicht [...]» (Heinrich, Heinzl, & Roithmayr, 2004, S. 27).
Internet der Dinge	«[...] beschreibt das Internet der Dinge die neuen Möglichkeiten von intelligenten, mit Sensorik ausgestatteten Fertigprodukten in Wirtschaftszweigen wie der Logistik, dem Gebäudemanagement oder dem Konsumgüterbereich. Beispiele dafür sind die Erfassung und Optimierung der Gesundheit und Fitness mit weit verbreiteten Puls- und Fitness-Trackern [...]» (Reinheimer, 2017, S. 19)
Künstliche Intelligenz (KI)	«Ausstatten von Hardware und Softwaresystemen mit intelligenten Leistungen wie automatisches Beweisen, Expertenwissen, natürlich-sprachliche Kommunikation, Bildverstehen und Animation, Robotik, Abstraktion, Lernvermögen usw.; von künstlicher Intelligenz erwartet man «fehlerfreie» und wesentlich leistungsfähigere Hard- und Software» (Fischer & Hofer, 2010, S. 506)
Process Mining	«Ziel von Process-Mining ist die Analyse und Rekonstruktion von Prozessmodellen auf Basis von Ereignislogs (Protokollen) aus laufenden IT-Systemen» (Drescher, Koschmider, & Oberweis, 2017, S. 197)

Glossar

Robotic Desktop Automation (RDA)	«Unter dem Schlagwort „Robotic Desktop Automation" (RDA) oder „begleitete Automatisierung" werden Software Roboter verstanden, die aus technischer Sicht keine eigene Identität besitzen. Sie agieren über die IT-Infrastruktur eines (physischen) Nutzers mit dessen Rollen und Zugriffsberechtigungen. Im Vordergrund stehen hier die direkte User-Roboter-Interaktion sowie eine flexible Orchestrierung des RDA-Roboters direkt durch den Nutzer [...]» (Kleehaupt-Roither & Unger, 2018, S. 50). (vgl. 2.3.1)
Robotic Process Automation (RPA)	«Unter RPA versteht man eine robotergesteuerte Prozessautomatisierung, wobei Software Roboter, die Rollen und Aufgaben von Anwendern übernehmen und mit anderen Softwaresystemen interagieren» (Scheer & Feld, 2017b, S. 3). (vgl. 2.3.1)
RPA-Entwickler	Ein RPA-Entwickler ist eine Person, die meist basierend auf einer Spezifikation eines zu automatisierenden Prozesses einen Software-Roboter konfiguriert. Die Konfiguration erfolgt innerhalb eines RPA-Systems. In der Praxis wird hierfür die Rolle *Entwickler* verwendet, obwohl es sich bei der Konfiguration eines Roboters nicht um eine Software-Entwicklung im eigentlichen Sinne handelt. Anmerkung: Für diesen Begriff konnte keine Definition gefunden werden. Daher hat sich Verfasser entschieden, diesen im Rahmen der Verwendung innerhalb dieser Thesis selber zu definieren.
RPA-System	«Zur Umsetzung der robotergestützten Prozessautomatisierung (RPA) sind am Markt Softwaresysteme verfügbar, welche als RPA-Systeme bezeichnet werden» (Czarnecki, 2019, S. 1). Im Rahmen dieser Thesis werden die Funktionsweise und die Merkmale von RPA-Systemen beleuchtet (vgl. 2.3.2).
Screen Scraping	«Screen Scraping ist eine Form des Data Scraping: Eine Technik, durch die Daten und Informationen, die ursprünglich für den menschlichen Nutzer visuell aufbereitet und dargestellt wurden, automatisiert exzerpiert werden» (von Schönfeld, 2018, S. 25).
Software as a Service (SaaS)	«Software as a Service bedeutet Migration der Anwendungen aus dem Computer heraus ins Web und damit Beanspruchung ganzer Lösungen in Form von Webdiensten oder das Zusammenspiel vieler Webdienste als verteilte Applikation» (Fischer & Hofer, 2010, S. 696).
Sprint	«Zeitraum für die Entwicklung eines Teilprodukts bzw. eines Inkrements. In der agilen Methodik Scrum werden Iterationen als Sprints bezeichnet» (Preussig, 2018, S. 65).
Wasserfallmodell	«Phasenmodell, [...] [das so aufgebaut ist,] dass wie bei einem Wasserfall die Ergebnisse einer Phase in die nächste Phase fallen. Die Phasen werden entsprechend ihrer Anordnung sequentiell abgearbeitet; jede Phase endet mit einer Überprüfung der Phasenergebnisse» (Heinrich, Heinzl, & Roithmayr, 2004, S. 709). Zur Ergänzung wird nachfolgend kurz auf den Unterschied zwischen dem Wasserfallmodell und der agilen Vorgehensweise eingegangen.

Wasserfallmodell versus agiles Vorgehen	«Das agile, iterative Vorgehen steht im Gegensatz zum Vorgehen nach dem Wasserfallmodell. Während bei der klassischen Entwicklung nach dem Wasserfall das Produkt «in einem Wurf» entsteht, sieht die agile Entwicklung von vornherein die Entstehung des Produkts in mehreren Schritten bzw. Zyklen vor» (Preussig, 2018, S. 79). Die nachfolgende Abbildung verdeutlicht diesen Unterschied. 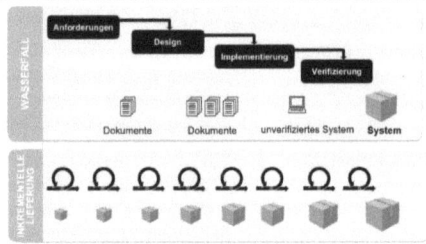 Abbildung 1: Wasserfallmodell versus agiles Vorgehen Quelle: Lachmann-Nishibane (2018, S. 1)

1 Einleitung

1.1 Ausgangslage

Im Fokus von betrieblichen Optimierungen steht seit Jahrzehnten die Automatisierung von Geschäftsprozessen. Seit den 1990er-Jahren konnten dank integrierter Datenbanken und der darauf aufbauenden *Enterprise Resource Planning*-Systeme, kurz ERP-Systeme, wesentliche Produktivitätssteigerungen erzielt werden, indem diese mit dem Ziel entwickelt wurden, die Geschäftsprozesse möglichst ganzheitlich zu unterstützen (Scheer, 2017a).

Darüber hinaus haben sich seit den 1990er-Jahren zahlreiche Unternehmen für ein *Business Process Management* (BPM) entschieden und damit für die Einführung einer Prozessorganisation. Das bessere Verständnis von Problemen in den Geschäftsprozessen und die Verbesserungsmöglichkeiten der bestehenden Organisation sind dabei die wesentlichen Ziele. In der Regel wird eine Ist-Situation durch ein Prozessmodell abgebildet und deren Mängel werden diskutiert. Anschliessend wird ein Soll-Modell unter Berücksichtigung der Möglichkeiten von einzuführenden Softwaren wie bspw. eines ERP- oder eines *Customer Relationship Management*-Systems, kurz CRM-System, erstellt. Dabei soll durch Customizing des ERP- oder CRM-Systems das Soll-Modell umgesetzt werden. Ein weiterer Ansatz zur Umsetzung des Soll-Modells stellt *Business Process Management System* (BPMS) dar, das – vereinfacht formuliert – die Software aus dem Modell generieren kann. Ein BPMS stösst mittels einer zentralen *Process Engine* die Aufgaben gemäss Soll-Modell an und gibt dabei die benötigten Daten weiter. Obwohl eine Prozess-Implementation mittels BPMS im Vergleich zu einem fest programmierten Ablauf einfacher und flexibler ist, verursachen die notwendigen Anbindungen der Applikationen nach wie vor meist hohe Aufwände (Scheer, 2017a).

Die Automatisierung von Aufgaben mithilfe von ERP- und CRM-Systemen sowie BPMS konnten unter anderem die Produktivität steigern. Da solche Vorhaben jedoch meist mit hohen Aufwänden verbunden sind, werden gezielt nur jene Aufgaben automatisiert, die sehr häufig vorkommen. Wie die nachfolgende Abbildung zeigt, gibt es in einem Unternehmen zahlreiche Aufgaben, die ebenfalls einem strukturierten Ablauf folgen und daher automatisiert werden könnten, aber zu selten auftreten, um den Automatisierungsaufwand zu rechtfertigen (siehe nachfolgende Abbildung, gelb markiert). Diese Aufgaben werden auch sog. *long tail*-Aufgaben genannt.

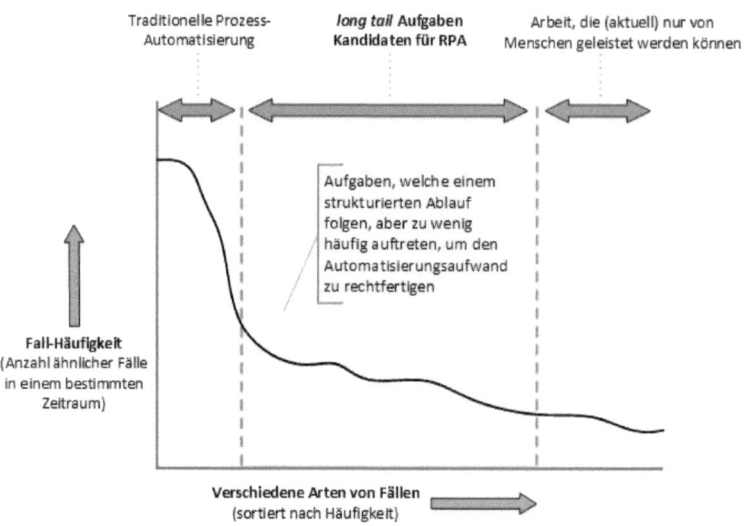

Abbildung 2: Verteilung von Aufgaben nach Häufigkeit und Verschiedenheit
Quelle: in Anlehnung an von der Aalst, Bichler, & Heinzl (2018, S. 270)

1.2 Forschungsproblem

Im Rahmen der Digitalisierung bringen neue Technologien wie *Cloud Computing* und das *Internet der Dinge* veränderte Organisationen mit sich. In diesem Kontext entsteht auch eine neue Welle der Automatisierung, getrieben durch Robotik (Czarnecki & Auth, 2018). Diejenigen *long tail*-Aufgaben, die einem strukturierten Ablauf folgen, aber zu selten auftreten, um ihren Automatisierungsaufwand mit bisherigen Lösungen zu rechtfertigen, sollen nun durch RPA effizient automatisiert werden können.

RPA ist ein neuartiger Ansatz zur Prozessautomatisierung, im Rahmen dessen Aufgaben von Robotern erlernt und automatisch ausgeführt werden. Im Kontext von RPA wird unter Roboter keine physische Maschine, sondern ein Softwareprogramm verstanden. „Die innovative Idee ist die Transformation der bestehenden Prozessausführung von manuell zu digital, was RPA von traditionellen Ansätzen des BPM unterscheidet" (Czarnecki & Auth, 2018, S. 113). Der Roboter emuliert die Eingaben auf der bestehenden Benutzeroberfläche, sodass weder eine Änderung der Applikation noch eine Anbindung von Schnittstellen notwendig ist.

Die Idee einer Integration über die Benutzeroberfläche ist nicht neu und wird seit langer Zeit von sog. *Screen Scraping* Tools verwendet (Allweyer, 2016). RPA verspricht jedoch, wesentlich mächtiger und flexibler zu sein. Dieser Ansatz hat das Ziel von signifikanten Kosteneinsparungen bei gleichzeitiger Steigerung der Effizienz und der Prozessleistungsqualität (Allweyer, 2016, S. 5). Automatisierungen mittels RPA sollen zudem schneller umgesetzt werden als mit vergleichbaren IT-Lösungen wie BPMS (Czarnecki & Auth, 2018, S. 117). Erfahrungen aus bereits realisierten Projekten haben das Potenzial von RPA bestätigt (Schmitz, Dietze, & Czarnecki, 2019). Dank solchen positiven Erfahrungen prognostizieren Beratungsinstitute einen stark wachsenden Bedarf an RPA-Systemen (ATKearney & Arvato, 2018). Demgegenüber steht aber die Tatsache, dass bisher 30–50 % der initialen RPA-Projekte gescheitert sind (Ernst & Young, 2016). Gemäss dem *Gartner Hypecycle für Emerging Technologies* erreichte das Thema RPA, unter *Smart Robots* geführt, im Jahre 2017 seinen Höhepunkt. Was geschieht nun nach dem Hype – schafft RPA den Übergang in die produktive Phase?

1.3 Forschungsfrage

Die sog. *long tail*-Aufgaben machen einen erheblichen Anteil der Tätigkeiten in einem Unternehmen aus, auch in jenem des Verfassers. Aus diesem Grund scheint der Ansatz und das Potenzial von RPA vielversprechend, weshalb im Rahmen dieser Master-Thesis folgende Forschungsfragen beantwortet werden sollen:

1. Welche Merkmale weisen RPA-Systeme auf? Worin bestehen die elementaren Unterschiede zwischen BPMS und RPA-Systemen?

Arbeitshypothese: Stark strukturierte Routineaufgaben, die bislang von Menschen ausgeführt wurden, werden von Robotern übernommen. Die Roboter werden nicht programmiert, sondern von Fachexperten ohne Programmierkenntnisse konfiguriert. Die Integration erfolgt über die Benutzeroberflächen. Es werden keine Veränderungen am vorhandenen System vorgenommen und auch keine technischen Schnittstellen verwendet. Wesentliches Unterscheidungsmerkmal zu BPMS ist die Art der Integration. BPMS nutzt Anwendungsprogrammierschnittstellen, Web Services oder ähnliche Technologien als Zugriff auf Drittsysteme, wohingegen RPA-Systeme die existierenden Benutzeroberflächen direkt ansteuern (Allweyer, 2016).

2. Worin liegen zentrale Erfolgsfaktoren bei der Einführung eines RPA-Systems in Unternehmungen?

Arbeitshypothese: Die Erfolgsfaktoren sind mannigfach. Die Automation mittels RPA dient nicht dazu, Probleme in den Abläufen zu beheben, weshalb die Prozesse vor dem Einsatz von RPA optimiert werden sollten. „Der digitale Input muss akkurat und strukturiert sein" (ATKearney & Arvato, 2018, S. 7). Alle Stakeholder sind früh in die Kommunikation einzubinden. Mit einem *Proof of Concept (PoC)*, der schnell Erfolge zeigt und damit Vertrauen schafft, sollte begonnen werden. Das Implementierungsdesign sollte das gesamte betroffene Team berücksichtigen, da sich Rollen und organisatorische Strukturen verändern werden. Es sollte eine agile Vorgehensmethodik gewählt werden, in der in *Sprints* getestet und verfeinert wird (ATKearney & Arvato, 2018).

Bei der ersten Forschungsfrage steht im Fokus, was RPA-Systeme kennzeichnen und worin sie sich von BMPS unterscheiden. Der Leser soll thematisch abgeholt werden. Die Beantwortung dieser Fragestellung erfolgt im Rahmen einer Literaturrecherche.

Die zweite Forschungsfrage bildet den Kern der Thesis und geht auf die zentralen Erfolgsfaktoren einer RPA-Systemeinführung ein. Im Mittelpunkt der Thesis stehen eine Reihe von praxisbezogenen Interviews, welche die Kernforschungsfrage aus der Sicht von Anwendern/Applikationsverantwortlichen, Herstellern und Beratern betrachten.

1.4 Zielsetzungen, inhaltliche Abgrenzung

Ein erstes und zugleich prioritäres Ziel dieser Master-Thesis besteht darin, die erwähnten Forschungsfragen systematisch, methodisch korrekt und zugleich fundiert zu beantworten und dabei auf die erarbeiteten Arbeitshypothesen zu referenzieren.

1.4.1 Zielgruppe

Bei der Suche nach Interviewpartnern wird bewusst ein Schwerpunkt auf die Finanzdienstleistungsbranche gelegt, in welcher der Verfasser selber auch tätig ist. Die Ergebnisse können daher spezifische Elemente der Finanzdienstleistungsbranche enthalten. Grundsätzlich richtet sich diese Master-Thesis an ein Fachpublikum, das sich für neue Erkenntnisse rund um RPA interessiert und gegebenenfalls die Einführung eines RPA-Systems in Betracht zieht. Für diese Master Thesis gelten nachfolgende Zielsetzungen und inhaltliche Abgrenzungen:

1.4.2 Zielsetzungen

1. Es soll verständlich dargelegt werden, was genau unter RPA verstanden wird und damit ein klares RPA-Begriffsverständnis geschaffen werden.
2. Auf Basis einer Literaturrecherche wird die Frage beantwortet, worin sich BPMS und RPA-Systeme grundlegend unterscheiden. Diese Ausführungen werden aufgrund des Themenrahmens bewusst kompakt abgehalten.
3. Im Mittelpunkt stehen Interviews mit Anwendern/Applikationsverantwortlichen, Herstellern und Beratern. Die qualitative und praxisbezogene Datenerhebung verfolgt dabei das Ziel, einem Kreis von Interessierten Inputs für eine RPA-Implementierung und Hinweise zu den damit verbundenen Herausforderungen mit auf den Weg zu geben.

1.4.3 Abgrenzungen

1. Die Einführung von RPA-Systemen erfolgt oft im Kontext von übergeordneten Digitalisierungsstrategien, die aber im Rahmen dieser Thesis aus Aufwand- und Zeitgründen nicht näher betrachtet werden.
2. Der Evaluationsprozess eines RPA-Systems ist nicht Bestandteil dieser Thesis. In den meisten Unternehmen – und so auch in jenem des Verfassers – haben sich standardisierte Beschaffungsprozesse etabliert, nach denen auch die Evaluation eines RPA-Systems erfolgen kann. In diesem Zusammenhang wird im Rahmen dieser Thesis auch keine Landschaft von verfügbaren RPA-Systemen erarbeitet oder gar bewertet, sondern auf bereits publizierte Landschaften von Beratungsunternehmen verwiesen.
3. Die Thesis beinhaltet keine technischen Aspekte zur Funktionsweise von spezifischen RPA-Systemen oder deren technischen Integration im Unternehmen.
4. Für die Beantwortung der ersten Forschungsfrage, was die Merkmale eines RPA-Systems sind, wird unter anderem auf die grundlegende Unterscheidung zu BPMS eingegangen. Die Thesis behandelt BPMS jedoch nicht im Detail, sondern nur soweit wie für die Differenzierung zu RPA-Systemen notwendig.

5. Im Rahmen dieser Thesis wird die Vorgehensweise zur Identifikation von geeigneten Prozessen für eine Automatisierung mittels RPA näher betrachtet. Das Erarbeiten eines Kriterienkataloges ist jedoch nicht Bestandteil dieser Thesis (dazu sind bereits Publikationen verfügbar).
6. Als nächste Entwicklungsstufe von RPA-Systemen wird die Kombination von RPA mit Ansätzen der Künstlichen Intelligenz (KI) gesehen. In diesem Zusammenhang wird auch von intelligenten Robotern gesprochen. Die Kombination von RPA und KI ist aktuell noch Gegenstand von Forschungen und hat noch keine Marktreife erreicht (Czarnecki & Auth, 2018). Im Rahmen dieser Thesis werden daher die Ansätze von KI nicht betrachtet und der Fokus liegt auf den sog. einfachen RPA-Anwendungen (Scheer, 2017a, S. 35).

1.5 Aufbau und Vorgehensweise

Diese Thesis gliedert sich in fünf Teile: Einleitung, Theorie, methodische Vorgehensweise, Empirie sowie Schlussfolgerung. Im theoretischen Teil wird ein Überblick über die bestehende Literatur zum Themenfeld von RPA geschaffen, indem auf den aktuellen Stand der Forschung, auf die Grundlagen sowie die bisher typischen Einsatzbereiche von RPA eingegangen wird. Weiter werden der Nutzen und die Herausforderungen von RPA beleuchtet. Wie mit bestimmten Herausforderungen umgegangen werden kann, wird anschliessend durch publizierte Erfolgsfaktoren und Empfehlungen aufgezeigt. Die Literatur soll insofern verdichtet werden, um die Untersuchung der Kernforschungsfrage nach Erfolgsfaktoren bei der Einführung eines RPA-Systems zu ermöglichen. Als Abschluss des theoretischen Teils werden die Erkenntnisse aus der Theorie der Arbeitshypothese gegenübergestellt.

Im dritten Teil wird die methodische Vorgehensweise, also wie die Erkenntnisse gewonnen wurden, aufgezeigt. Dabei wird auf die qualitative Forschung eingegangen und deren Verwendung begründet. Für die Datenerhebung wurden die Interviewleitfäden basierend auf sensibilisierenden Konzepten erarbeitet. Die Leitfragen übersetzen dabei die Kernforschungsfrage und die Erkenntnisse der Theorie in Form von Fragen an die Empirie. Für die anschliessende Auswertung der transkribierten Interviews wurde im Rahmen einer qualitativen Inhaltsanalyse ein Kategoriensystem aufgebaut.

Die Ergebnisse aus dem Diskurs mit der Empirie werden im vierten Teil entlang des Kategoriensystems beschrieben und mit Zitaten belegt.

Im fünften Teil werden als Zusammenfassung die Erkenntnisse der Empirie den Erkenntnissen der Theorie gegenübergestellt und ein Fazit über die Beantwortung der Kernforschungsfrage gezogen. Entlang des Forschungsprozesses folgt eine kritische Würdigung der Ergebnisse. Die vorliegende Thesis wird mit einem kurzen Ausblick auf den weiteren Forschungsbedarf und mit einer Abschlussbemerkung abgerundet.

Die nachfolgende Abbildung dient als roter Faden und visualisiert damit den Weg vom Forschungsproblem bis zur Schlussfolgerung. Im linken Bereich der Abbildung sind die verschiedenen Teile dieser Thesis ersichtlich (grau markiert), während im mittleren Bereich die wesentlichen Schritte dieser Teile aufgeführt (blau markiert) und rechts davon weitere Ergänzungen (gelb markiert) aufgeführt sind.

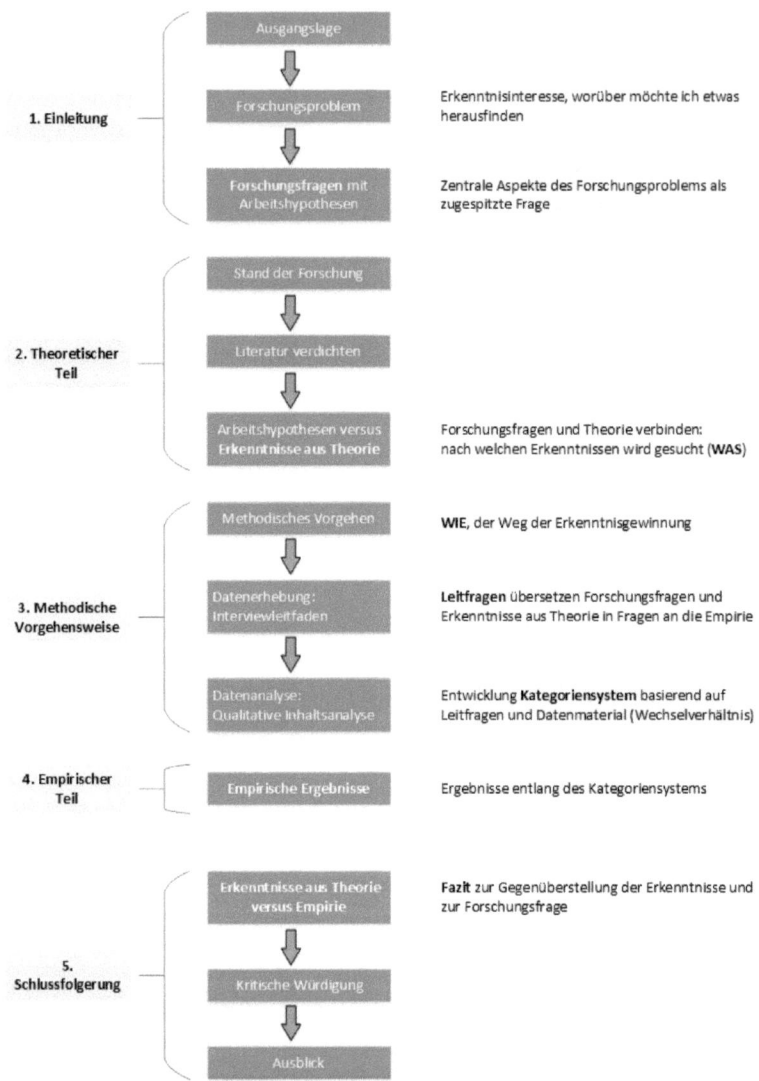

Abbildung 3: Aufbau und Vorgehensweise der Thesis
Quelle: in Anlehnung an Meier (2018)

2 Theoretischer Teil

Zu Beginn des theoretischen Teils wird aufgezeigt, wie die Literaturrecherche durchgeführt wurde, um eine möglichst grosse Abdeckung im Kontext der Forschungsfragen zu erreichen.

2.1 Literaturrecherche

Das sog. 'Schneeballprinzip', in dem ausgehend von bekannten Titeln von Literaturverzeichnis zu Literaturverzeichnis navigiert wird, ermöglicht das schnelle Sammeln von Literatur. Damit die Recherche möglichst breit abgestützte Resultate hervorbringt, wurde im Rahmen dieser Arbeit ein systematisches und methodisches Vorgehen gemäss dem *Handout der Wirtschaftswissenschaften der Zentralbibliothek Zürich* (2018) verwendet (siehe nachfolgende Abbildung).

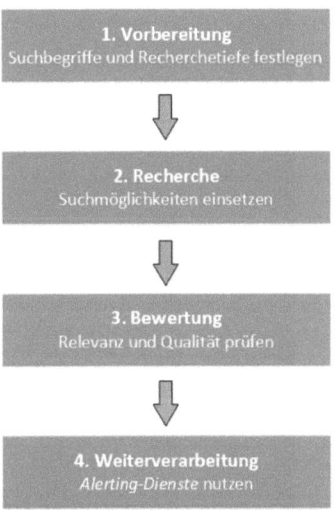

Abbildung 4: Vier Schritte der Recherche
Quelle: in Anlehnung an Stettler (2018, S. 3)

Im ersten Schritt, der Vorbereitung, wurden die Forschungsfragen in einzelne Schlüsselbegriffe zerlegt und nach passenden Synonymen sowie Ober- und Unterbegriffen gesucht. Basierend auf diesen Begriffen und der Verwendung von booleschen Operatoren wurden anschliessend verschiedene Suchbegriffe zusammengestellt.

Schlüsselbegriff	Robotic	Process Automation	Erfolgsfaktor	Einführung
Synonyme und Übersetzungen	Robotik, Automat	Prozessautomatisierung	success factor	Implementation
Oberbegriff	Maschine	Automatisierung, Automatisierungstechnik	Erfolg	
Unterbegriff	Software-Roboter			
Suchbegriff (Beispiel)	(Robotic OR Robotik) AND («Proccess Automation» OR Prozessautomation) AND Erfolg! AND (Einführung OR Implementation)			

Tabelle 1: Aufbau Suchbegriff (Beispiel)
Quelle: in Anlehnung an Stettler (2018)

Während der Vorbereitung wurde auch die Recherchetiefe festgelegt. Mit Unterstützung der Zentralbibliothek ermittelte der Verfasser dieser Arbeit im Rahmen einer individuellen Rechercheberatung neben dem Bibliothekskatalog weitere geeignete Fachdatenbanken aus den Fachgebieten *Informatik* und *Wirtschaftswissenschaften* sowie geeignete E-Ressourcen und Suchmaschinen. Die nachfolgende Tabelle gibt einen Überblick über die ausgewählten Quellen.

Quelle	Art	Kommentar
NEBIS	Bibliothekskatalog	Zugriff auf rund 140 Bibliotheken, unter anderem der Universität Zürich, der ETH und der Zentralbibliothek
ACM	Fachdatenbank, Fachgebiet Informatik	Publikationen der *Association for Computing Machinery (ACM)*
SpringerLink	Fachdatenbank, Fachgebiet Informatik	Zeitschriften aller Fachgebiete
Business Source Premier	Fachdatenbank, Fachgebiet Wirtschaftswissenschaft	Fachliteratur Wirtschaftswissenschaften
Wiso	Fachdatenbank, Fachgebiet Wirtschaftswissenschaft	Wirtschaftswissenschaftliche Fachliteratur und Volltextzeitschriften
Emerald E-Book Collection	E-Books	E-Books über Wirtschafts- und Sozialwissenschaften
Springer	E-Books	E-Books aller Fachgebiete
Emerald	E-Journal	Emerald beinhaltet über 230 Volltextzeitschriften, weltweit führender Herausgeber von Fachzeitschriften im Bereich Managementforschung

Quelle	Art	Kommentar
BASE	Suchmaschine	BASE (*Bielefeld Academic Search Engine*) ist eine der weltweit grössten Suchmaschinen für wissenschaftliche Web-Dokumente
DART-Europe	E-Theses Portal	Europäisches Portal für elektronisch verfügbare Thesen

Tabelle 2: Ausgewählte Quellen

Im zweiten Schritt, der Recherche, wurden alle ausgewählten Quellen mit den vorbereiteten Suchbegriffen durchsucht. Je nach Ergebnisanzahl kamen noch Zusatzbegriffe wie beispielsweise 'Merkmale', 'Anwendungsszenarien' oder 'Herausforderung' sowie die Verwendung von Wildcards zum Einsatz.

In der Bewertung, dem dritten Schritt, wurde die gefundene Literatur gesichtet und nach deren Qualität und Relevanz hinsichtlich der Forschungsfragen geprüft und bewertet.

In der Weiterverarbeitung, dem vierten und letzten Schritt, wurden nach Möglichkeit die *Alerting-Dienste* der Quellen genutzt. Mithilfe dieser Funktion können Suchbegriffe hinterlegt werden, wobei bei neu verfügbaren Publikationen eine Mitteilung per E-Mail erfolgt. Auf diese Weise konnte sichergestellt werden, dass aktuelle Publikationen berücksichtigt werden.

Im Folgenden werden die theoretischen Grundlagen betrachtet, die für das Verständnis und zur Durchführung der methodischen Vorgehensweise notwendig sind.

2.2 Stand der Forschung

Seit mehr als 130 Jahren versuchen Unternehmen, die Effizenz der Organisation zu erhöhen, indem die Arbeit strukturiert, vereinheitlicht und gemessen wird. Als Konsequenz wurde aus den Mitarbeitenden quasi Roboter. Software wie RPA ermöglichen nun eine Umkehrung dieser Entwicklung, in dem sie die Mitarbeitenden unterstützen und sie sich auf jene Aufgaben konzentrieren, die menschliche Stärken wie Kreativität und Urteilsfähigkeit benötigen und damit die Arbeitszufriedenheit und das Potenzial der Unternehmung erhöhen (Lacity & Willcocks, 2016, S. 41).

In der Industrie sind Roboter bereits ein gewohntes Bild und dominieren ganze Produktionsstrassen. Sie können rund um die Uhr selbstständig arbeiten, machen keine Fehler, werden nicht müde und können im Rahmen ihrer Möglichkeiten flexibel auf neue Tätigkeiten konfiguriert werden. Diese Eigenschaften sind für Aufgaben im Büro ebenfalls attraktiv. Verschiedenen im Einsatz stehende Applikationen sollen demnach auch im Büro von sogenannten Software-Robotern (eines RPA-Systems) bedient werden. Aufgaben, die sich häufig wiederholen, durch Regeln gesteuert werden und wenige Ausnahmen aufweisen, sind im Visier dieser Automatisierung. Die Software-Roboter verhalten sich also wie Mitarbeitende und führen die Arbeitsschritte so aus, wie sie bisher der Mitarbeiter ausgeführt hat. Aus diesem Grund müssen die Applikationen nicht verändert werden und handelt sich quasi um eine Automation der Automation (Scheer, 2017a, S. 29-30). Im nachfolgenden Kapitel 2.3 wird im Detail auf die Funktionsweise von RPA und die Merkmale von RPA-Systemen eingegangen.

Wie in der Einleitung unter Kapitel 1.2 kurz aufgeführt, wurden in den letzten zwei bis drei Jahren zahlreiche Fallstudien und Umfragen zum Thema RPA veröffentlicht. Basierend auf positiven Erfahrungen in bereits realisierten Projekten gehen Beratungsinstitute von einem stark wachsenden Bedarf an RPA-Systemen aus. So prognostiziert A.T. Kearney in der Studie 'Robotic Process Automation – The impact of RPA on finance back-office processes' (2018), dass das globale Marktvolumen bis 2020 rund fünf Milliarden erreicht haben werde, während es im Jahr 2012 noch 120 Millionen gewesen seien (ATKearney & Arvato, 2018, S. 1). Gemäss KPMG (2016) stellt sich nicht die Frage, ob man RPA einführen sollte, sondern welcher Weg der beste für das Unternehmen ist, um RPA einzuführen (KPMG, 2016, S. 12). Die Automatisierungsmöglichkeiten mit Robotics zählt KPMG (2016) zu den bedeutendsten zukünftigen Chancen für globale Kapitalmärkte und die Finanzdienstleistungsbranche (KPMG, 2016, S. 4). Deloitte (2016) sieht insbesondere die Schweiz als attraktiven Standort an, um Prozesse mittels RPA zu automatisieren, und zwar aus den folgenden vier Gründen (Deloitte, 2016, S. 6):

- Strenges Datenschutzgesetz, das Alternativen wie beispielsweise das Auslagern der Prozesse nach Near- oder Offshore-Lokationen erschwert.
- teure Arbeitskräfte (RPA hilft die Effizienz zu erhöhen und damit Kosten zu sparen)
- hohes Bildungsniveau (RPA setzt Ressourcen frei und ermöglicht die Fokussierung auf wertschöpfende Tätigkeiten)

Gemäss Jürgen Nöther (2018), Geschäftsführer der VR FinanzDienstLeistung GmbH, einer Tochtergesellschaft der Berliner Volksbank, werden die bankinternen Prozesse in den nächsten Jahren im Rahmen der Digitalisierungswelle revolutioniert. «In Zukunft liegt der Fokus des Prozessmanagements auf der Automation kompletter Prozessketten mithilfe von Softwarerobotern und digitalen Assistenten» (Nöther, 2018, S. 68). Auf Dauer kann eine Bank oder Versicherung nur überleben, wenn sie die Bedürfnisse der Kunden schnell erfüllen und gleichzeitig effizient und kostengünstig arbeiten kann, was nur durch den Einsatz von mehr und immer besserer Technik erreicht werden kann (Singh, 2018, S. 39).

«RPA is a catalyst» sagte Cathy Tornbohm von *Gartner Consulting* (2018) in einem Interview und will damit ausdrücken, dass RPA auf der digitalen Reise eines Unternehmens als Katalysator für Veränderungen genutzt werden kann (Weldon, 2018, S. 3). In diesem Kontext kann RPA auch als Einstiegstechnologie für eine intelligente Prozessautomation angesehen werden (Bremmer, 2018b; Ostrowicz, 2019, S. 1). Unternehmen können den Grundstein mithilfe einer frühzeitigen Einführung von RPA legen, um Roboter-Software der nächsten Stufen zukünftig ergänzend einzusetzen (siehe nachfolgende Abbildung).

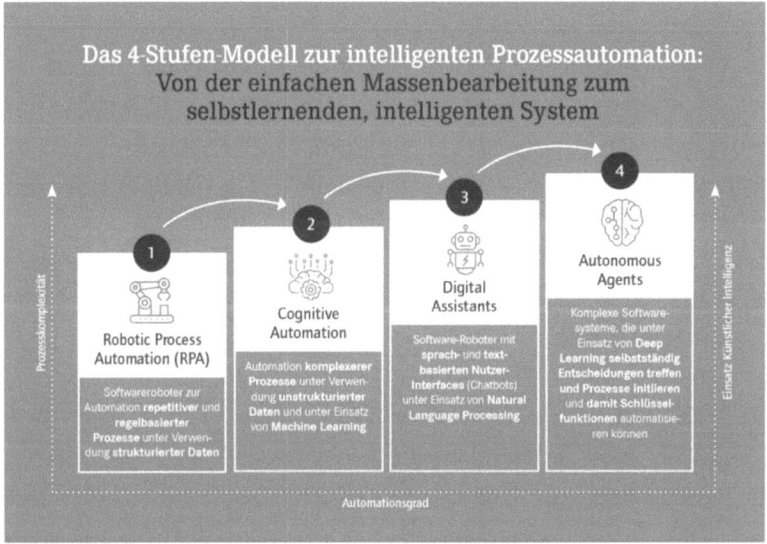

Abbildung 5: 4-Stufen-Modell zur intelligenten Prozessautomation
Quelle: Ostrowicz (2019, S. 1)

Das 4-Stufen-Modell zeigt, dass RPA als Einstieg angesehen wird. Die verschiedenen Stufen lösen sich nicht gegenseitig ab, sondern werden in verschiedenen Bereichen eingesetzt. In der zweiten Stufe wird unter *Cognitive Automation* Software aus dem Bereich des *Machine Learning* verstanden, die unstrukturierte Daten erkennen und mittels eines Algorithmus, der sich stetig selbst verbessert, verarbeiten kann. *Digital Assitants*, die dritte Stufe, werden in der Kommunikation mit Menschen eingesetzt und verarbeiten Text und Sprache. Die *Autonomous Agents* bilden die vierte und höchste Stufe und übernehmen Aufgaben und Entscheidungen wie autonomes Fahren. Während sich die ersten drei Stufen bereits etablieren, ist die vierte Stufe noch Zukunftsmusik und so haben bisher nur sehr wenige Unternehmen Ansätze der *Autonomous Agents* im Einsatz (Ostrowicz, 2019, S. 1-2).

Diese Thesis konzentriert sich auf die Einführung von RPA-Systemen und damit auf die erste Stufe des 4-Stufen-Modells. Die Abgrenzung zu Robotern mit kognitiven Fähigkeiten der 2.-3. Stufe wird im nachfolgenden Kapitel, das sich vorgängig mit dem Begriff RPA auseinandersetzt, näher beleuchtet.

2.3 RPA Grundlagen

2.3.1 Begriffe

Die Verwendung des Begriffes RPA ist nicht immer ganz einheitlich und wird zum Teil mit kognitiven Konzepten vermischt. Die wesentlichen Charakteristika von RPA können wie folgt beschrieben werden (Allweyer, 2016, S. 2):

- Stark strukturierte Routineaufgaben, die bislang von Menschen ausgeführt wurden, werden von Robotern ganz oder teilweise übernommen.
- Fachexperten, die über keine Programmierkenntnisse verfügen müssen, konfigurieren den Roboter, das heisst, es erfolgt keine herkömmliche Programmierung.
- Die Integration der beteiligten Applikationen erfolgt über die Benutzeroberfläche. An den Applikationen werden keine Veränderungen vorgenommen und keine technischen Schnittstellen verwendet.

Zur besseren Unterscheidung zwischen RPA und kognitiven Konzepten wird empfohlen, sich auf die Leistungsmerkmale zu fokussieren. Bei RPA zeichnen sie sich durch strukturierte Daten mit regelbasierten Prozessen und einem klar definierten Ergebnis aus, während es bei der kognitiven Automatisierung unstrukturierte Daten mit Schlussfolgerungen und einem Set von verschiedenen möglichen Ergebnissen sind (siehe nachfolgende Abbildung) (Lacity & Willcocks, 2016, S. 43).

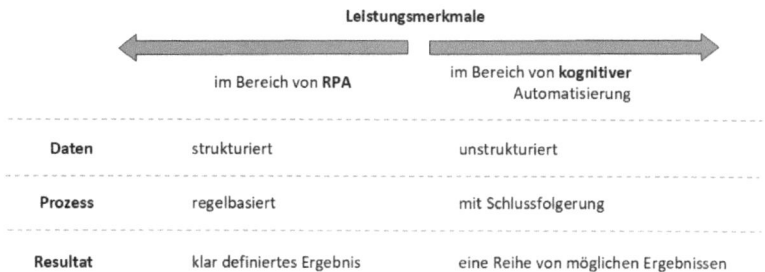

Abbildung 6: Leistungsmerkmale RPA vs. kognitive Automation
Quelle: in Anlehnung an Lacity & Willcocks (2016, S. 43)

Protiviti (2019) unterscheidet zwischen RPA und RDA, wobei letzteres für *Robotic Desktop Automation* steht. Während der Fokus bei RPA auf der automatischen, selbstständigen Abarbeitung von Prozessen mit sehr wenigen oder keinen menschlichen Zwischenschritten liegt *(unattended)*, ist der Fokus bei RDA klar auf die Roboter/Mensch-Interaktion gerichtet. RDA kann mit einem Assistenten verglichen werden, der auf Anstoss bestimmte Aufgaben übernimmt (protiviti, 2019, S. 2).

Eine Differenzierung in RPA und RDA sowie Software-Robotern mit kognitiven Fähigkeiten findet sich in Kleehaupt-Roither und Unger (2018) wieder. Sie unterscheiden zwischen den drei nachfolgenden Urtypen von Software-Robotern (Kleehaupt-Roither & Unger, 2018, S. 50-51):

RPA – 'Der autonome Arbeiter'

Bei RPA arbeitet der Roboter im Hintergrund und die Vollautomatisierung von grossvolumigen Aufgaben mit strukturierten Daten als Input und Output steht im Vordergrund. Die Roboter/Mensch-Interaktion ist nur gering und auf eine strikte regelbasierte Zusammenarbeit beschränkt.

RDA – 'Der ständige Begleiter'

Bei RDA hat der Roboter aus technischer Sicht keine eigene Identität, was heisst, dass er über die Rolle und die Zugriffsberichtungen des nutzenden Mitarbeiters agiert. Der Mitarbeiter kann dem Roboter per Knopfdruck Aufgaben zuweisen. Aus diesem Grund wird es oft in Call-Centern eingesetzt, damit die Mitarbeitenden das Kundengespräch möglichst wenig unterbrechen müssen und Routineaufgaben ad-hoc delegieren können.

Software-Roboter mit kognitiven Fähigkeiten – 'Der Interaktions- und Analyseprofi'

Dank kognitiver Fähigkeiten kann der Roboter auch unstrukturierte Informationen wie Sprache oder Bilder verarbeiten. Die Prozessabläufe sind nicht wie bei RPA und RDA fest hinterlegt, sondern es kommen trainierte Modelle maschinellen Lernens zum Einsatz.

Um sich über die Möglichkeiten eines angepriesenen Software-Roboters im Klaren zu sein, insbesondere im vielfältigen Marketing- und Schlagwort-Dschungel der zahlreichen Hersteller, ist es zentral, zu erkennen, um welchen Urtyp es sich handelt. Einerseits unterscheidet sich die technologische Basis als auch – was besonders ausschlaggebend ist – das Vorgehen und der Einsatz des jeweiligen Software-Roboters (Kleehaupt-Roither & Unger, 2018, S. 50).

Im Fokus dieser Thesis steht die Einführung von Software-Robotern des erst genannten Urtyps. Wird im Folgenden ein Roboter ohne weitere Spezifizierung erwähnt, so bezieht sich dieser auf einen RPA-Software-Roboter.

Der Begriff RPA ist zwar an physische Roboter angelehnt, basiert aber ausschliesslich auf Softwaresystemen. Ein Roboter entspricht demnach einer Software-Lizenz. Unter einem RPA-System wird eine Software-Lösung verstanden, mit der Roboter konfiguriert und betrieben werden können (Willcocks, Lacity, & Craig, 2015b, S. 5).

Im nachfolgenden Unterkapitel wird erörtert, wie RPA-Systeme grundsätzlich funktionieren. Ferner wird auf deren Merkmale näher eingegangen.

2.3.2 Funktionsweise und Merkmale von RPA-Systemen

«Im engeren Sinne ist RPA keine Automatisierungs-, sondern eine Virtualisierungslösung.» (Kleehaupt-Roither & Unger, 2018, S. 52). Roboter arbeiten als virtuelle Mitarbeiter und bedienen die Zielapplikationen über die Benutzerschnittstelle auf einer virtuellen Instanz. Wie die Aufgabe ausgeführt wird, ändert sich nicht, sondern nur das Wo (Kleehaupt-Roither & Unger, 2018).

Die Interaktion mit den Zielapplikationen erfolgt ausschliesslich über die Benutzerschnittstelle, weshalb keine Veränderungen an den Applikationen notwendig sind. Dieser Umstand ist ein wesentlicher Unterschied zu den traditionellen Ansätzen der Prozessautomatisierung, wo Anpassungen beispielsweise durch technische Modulationen innerhalb der Applikation erfolgen oder mithilfe eines

BPMS, das über eine technische Schnittstelle mit der Applikation kommuniziert, vorgenommen werden (Czarnecki & Auth, 2018, S. 116-117).

In der nachfolgenden Abbildung ist die grundlegende Architektur von RPA ersichtlich. Genauso wie der Mensch seine Aufgaben über die Präsentationsschicht (Benutzerschnittstelle) ausführt, gibt auch der Roboter über die Präsentationsschicht Daten ein und liest diese wieder aus. Weitere Schichten wie die Verarbeitung (auch Applikationsschicht genannt) und die Datenhaltung müssen weder verändert noch direkt angesprochen werden.

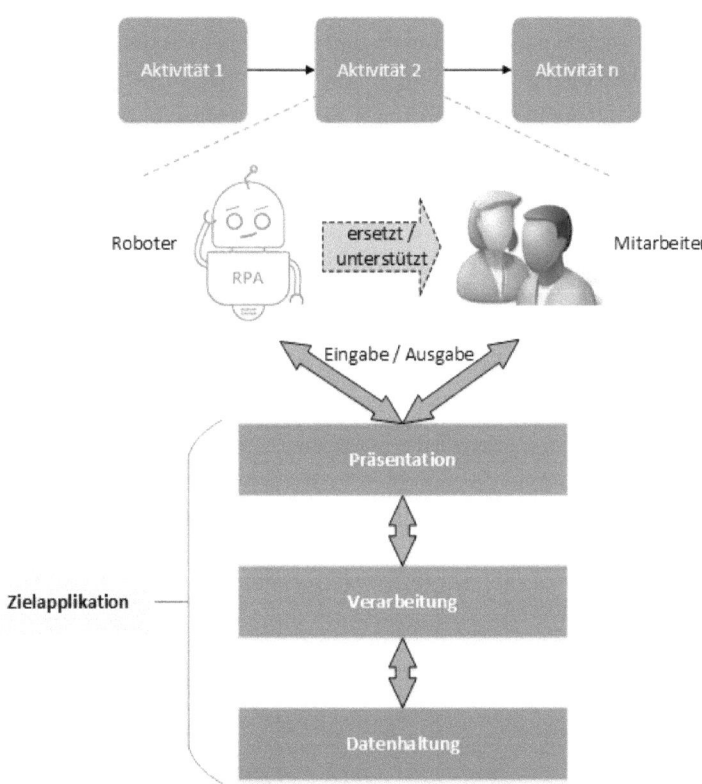

Abbildung 7: Grundlegende Architektur von RPA
Quelle: in Anlehnung an Czarnecki & Auth (2018, S. 117)

Die Automatisierung der Benutzereingaben ist nicht neu und technisch an sog. *Screen Scraping Tools* angelehnt, der Funktionalitätsumfang von RPA-Systemen ist jedoch wesentlich breiter und flexibler (Czarnecki & Auth, 2018, S. 50). Anstelle pixelgenauer Angaben über die Position von Feldern und Funktionen kann RPA die logische Struktur der Benutzeroberfläche erkennen und für die Zuordnung von Daten oder Ablaufschritten genutzt werden. So haben kleinere Änderungen an der Benutzeroberfläche nur wenig oder gar keinen Anpassungsbedarf des konfigurierten Roboters zur Folge, müssen aber mit Vorsicht erfolgen beziehungsweise gut getestet werden. Unterliegt die betroffene Zielapplikation einem Release-Zyklus, der die Benutzeroberfläche potenziell ändern kann, müssen die mit dem Roboter automatisierten Aufgaben getestet werden (Allweyer, 2016, S. 3).

Grundsätzlich wird die Automatisierung kompletter Prozesse aus fachseitiger Sicht angestrebt, je nach RPA-System und Hersteller kann die Funktionalität aber variieren. Da die Konfiguration mithilfe von RPA ohne traditionelle Programmierung auskommt, kann diese von Fachabteilungen realisiert werden (Czarnecki & Auth, 2018, S. 117), beispielsweise durch das Erstellen eines Flussdiagrammes, indem die einzelnen Schritte der zu erledigenden Aufgaben und ggf. die notwendigen Entscheidungsregeln sowie die verschiedenen Pfade aufgelistet werden. Manche RPA-Systeme bieten die Möglichkeit, die Tätigkeiten des Mitarbeitenden beim Erledigen einer Aufgabe aufzuzeichnen, um daraus das Flussdiagramm generieren zu können, das im Anschluss konfiguriert wird. Die Konfiguration eines Roboters benötigt zwar keine technischen Kenntnisse, dafür aber eine ausführliche Schulung und Einführung in das jeweilige RPA-System (Allweyer, 2016, S. 3)

Den Robotern werden Passwörter zugeordnet, die diese dazu berechtigt, auf die benötigten Applikationen zuzugreifen. Nachfolgend eine kleine Auswahl von typischen Funktionen, die Roboter ausführen können (Scheer, 2017a, S. 35):

- Masken ausfüllen
- Daten extrahieren
- Berechnungen ausführen
- E-Mails öffnen
- Reports erstellen

Die Installation eines RPA-Systems erfolgt im einfachsten Fall lokal auf einem Arbeitsplatzrechner eines Mitarbeiters, um die anfallenden Routineaufgaben zu automatisieren. Die zentrale Installation in der IT-Landschaft eines Unternehmens bietet jedoch wesentlich grösseres Optimierungspotenzial. Die Steuerung der Roboter kann beispielsweise zentral erfolgen, was auch ein zentrales Monitoring der laufenden und abgeschlossenen Aufgaben sowie allfälligen Ausnahmesituationen ermöglicht (Allweyer, 2016, S. 2).

Der Markt an angebotenen RPA-Systemen ist noch stark fragmentiert. Die derzeit führenden Anbieter sind *UiPath, Blue Prism* sowie *Automation Anywhere* und ebenfalls stark am Markt vertreten sind *Pegasystems, Nice, Edgeverve, Kryon, Kofax* und *Thoughtonomy* (Bremmer, 2018b, S. 2). Dem Anhang 6.4.5 kann eine Übersicht über die wichtigsten Anbieter entnommen werden.

Wie bereits erwähnt, unterscheidet sich RPA von den traditionellen Ansätzen der Prozessautomatisierung wie BPMS hinsichtlich der Architektur. Im Folgenden werden die Unterschiede zwischen RPA und BPMS näher analysiert.

2.3.3 RPA-Systeme versus BPMS

In der Einleitung wurde die Funktionsweise von BPMS erwähnt. Mithilfe einer zentralen *Process Engine* stösst BPMS Aufgaben gemäss dem Prozessmodell an und gibt auf diese Weise Daten von Applikation zu Applikation weiter. Die Anbindung respektive Integration der Applikationen erfolgt klassischerweise über die Applikationsschicht, im Englischen oft *business logic layer* genannt. Bestenfalls bietet die Applikation auf dieser Schicht bereits vorhandene Schnittstellen an, sog. *application programming interfaces* (API), welche die Anforderungen abdecken. Je nach Applikation müssen die API jedoch erweitert oder gar neu entwickelt werden, was zeit- und kostenintensiv ist (Cewe, Koch, & Mertens, 2018, S. 643).

Das Ergebnis einer BPMS-Einführung – also die erstellte Prozesslogik inklusive der Applikationsintegration über API – stellt eine neue Applikation dar. Bei RPA dagegen führt der Roboter wie ein Mitarbeiter Aufgaben über die Präsentationsschicht aus (vgl. 2.3.2) und es entsteht keine neue Applikation. So unterscheidet sich auch das Testen: Während bei BPMS eine neue Applikation getestet wird, muss bei RPA nur das Ergebnis respektive der Output der automatisierten Aufgabe geprüft werden (Cewe, Koch, & Mertens, 2018, S. 644).

Die Ziele von BPMS- und RPA-Lösungen sind sich sehr ähnlich: eine möglichst durchgehend automatisierte Aufgabenabwicklung ohne Systembrüche (Allweyer, 2016, S. 7). Mit RPA können aufgrund einer Senkung der Anzahl Benutzeraktionen Kosteneinsparungen erzielt werden, während bei BPMS die Optimierung der Prozesse selbst im Vordergrund steht. RPA und BPMS ergänzen sich gegenseitig (Cewe, Koch, & Mertens, 2018, S. 644).

Basierend auf zahlreichen Studien weisen Willcocks, Lacity und Craig (2015b) auf die folgenden beiden wesentlichen Unterschiede hin (Willcocks, Lacity, & Craig, 2015b, S. 6-10):

RPA ist *lightweight* IT und tangiert die anderen Applikationen nicht.

Dieser Punkt deckt sich weitgehend mit dem oben bereits beschriebenen Sachverhalt, dass bei RPA im Gegensatz zu BPMS dank einer Integration über Benutzerschnittstellen keine Anpassungen oder neue Schnittstellen zu den Applikationen implementiert werden müssen. Unter *lightweight* IT wird eine *Software* verstanden, die auch ohne Involvierung der IT-Abteilung eingeführt werden kann.

RPA ist einfach zu konfigurieren und benötigt keine Programmierkenntnisse.

Mitarbeitende, die über Fachkenntnisse der zu automatisierenden Aufgaben verfügen, können die Roboter innerhalb von wenigen Wochen konfigurieren (vgl. 2.3.2).

Willcocks, Lacity und Craig (2015b) kommen ebenfalls zum Schluss, dass sich RPA und BPMS gegenseitig ergänzen und für unterschiedliche Prozesstypen geeignet sind. BPMS wird für die Automatisierung von Prozessen eingesetzt, die zentral sind und häufig vorkommen, sodass die meist hohen Investitionen gerechtfertigt sind. BPMS-Lösungen werden durch die IT-Abteilung in Zusammenarbeit mit den Fachabteilungen umgesetzt, während sich RPA für Prozesse anbietet, die auch einem strukturierten Ablauf folgen und daher mit BPMS automatisiert werden könnten, aber zu selten auftreten, um den dafür notwendigen Aufwand zu rechtfertigen (vgl. 1.1). RPA-Lösungen können durch die Fachabteilung umgesetzt werden, wobei sich eine frühe Involvierung der IT empfiehlt (vgl. 4.5.5) (Willcocks, Lacity, & Craig, 2015b, S. 8-9).

Die nachfolgende Tabelle fasst die Unterschiede zwischen RPA und BPMS in einer Übersicht zusammen:

Aspekt	RPA	BPMS
Anbindung/Integration	Präsentationsschicht	Applikationsschicht
Fachliches Ziel	Kosten Reduktion durch Automatisierung bestehender Prozesse (ohne *Reengineering*)	Effizienzsteigerung durch *Reengineering* bestehender Prozesse
Technisches Ziel	Bestehende Applikationen nutzen	Neue Applikation erstellen
Konfiguration/Entwicklung	Fachabteilung	Software-Entwickler/IT-Abteilung
Testen	Ergebnisverifikation	Applikationstests

Tabelle 3: Unterschiede RPA – BPMS
Quelle: in Anlehnung an Cewe, Koch, & Mertens (2018, S. 644); Willcocks, Lacity, & Craig (2015b, S. 9)

2.3.4 Fazit erste Forschungsfrage

Nach der Auseinandersetzung mit den Begriffen rund um RPA, der Analyse über die Funktionsweise und Merkmale von RPA-Systemen sowie der Abgrenzung von BPMS schliesst das Kapitel über die Grundlagen von RPA. Basierend auf diesen Erkenntnissen lässt sich auf die erste Forschungsfrage zurückkommen und einen Vergleich zur Arbeitshypothese erstellen. In der nachfolgenden Tabelle werden die verschiedenen Elemente der Arbeitshypothese den Erkenntnissen aus dem theoretischen Teil gegenübergestellt. Aus Gründen der Übersichtlichkeit werden in der Spalte mit den Erkenntnissen nur einige Beispiele aufgeführt, was auch für die Literaturzitate gilt.

Arbeitshypothese, in Anlehnung an (Allweyer, 2016)	Erkenntnisse des theoretischen Teils
Stark strukturierte Routineaufgaben, die bislang von Menschen ausgeführt wurden, werden von Robotern übernommen.	Die Hypothese kann bestätigt werden und hat sich dahingehend konkretisiert, dass sich RPA für Aufgaben mit strukturierten Daten, regelbasierten Abläufen und einem klar definierten Ergebnis eignet. Die Roboter verhalten sich wie die Mitarbeiter der Fachabteilungen und führen die Arbeitsschritte so aus, wie sie bisher der Mitarbeiter ausgeführt hat (Lacity & Willcocks, 2016, S. 43; Scheer, 2017a, S. 29-30).
Die Roboter werden nicht programmiert, sondern von Fachexperten ohne Programmier-kenntnisse konfiguriert.	Diese Hypothese kann nur bedingt bestätigt werden. Verschiedene Quellen erwähnen zwar, dass RPA ohne traditionelle Programmierung auskommt, sie relativieren aber auch, dass die Konfiguration der Roboter ausschliesslich durch eine Fachabteilung erfolgen sollte. Weiter wurde angefügt, dass eine ausführliche Schulung in das jeweilige RPA-System notwendig ist (Czarnecki & Auth, 2018, S. 117; Allweyer, 2016, S. 3). Der Verfasser erlaubt sich, an dieser Stelle die Ergebnisse aus der noch folgenden Empirie vorwegzunehmen. Die interviewten Unternehmen kamen eindeutig zur Erkenntnis, dass das Konfigurieren eines Roboters durch einen Mitarbeiter der Fachabteilung nur bei sehr einfachen Prozessen möglich ist. Der Grossteil der effektiv ausgewählten zu automatisierenden Prozessen waren komplexer und mussten durch eine Person mit Erfahrung in der Entwicklung von Software implementiert werden (vgl. 4.2.1).
Die Integration erfolgt über die Benutzeroberflächen. Es werden keine Veränderungen am vorhandenen System vorgenommen und auch keine technischen Schnittstellen verwendet.	Die Hypothese kann aufgrund mehrerer Literaturquellen bestätigt werden. Die Interaktion mit den Zielapplikationen erfolgt ausschliesslich über die Benutzerschnittstelle, wodurch die Applikationen unverändert bleiben. Der Roboter verwendet für die Eingabe und das Auslesen von Daten ausschliesslich die Präsentationsschicht (Scheer, 2017a, S. 29-30; Czarnecki & Auth, 2018, S. 116-117; Willcocks, Lacity, & Craig, 2015b, S. 6-10).

Arbeitshypothese, in Anlehnung an (Allweyer, 2016)	Erkenntnisse des theoretischen Teils
Wesentliches Unterscheidungsmerkmal zu BPMS ist die Art der Integration. BPMS nutzt Programmier-Schnittstellen (API), Web Services oder ähnliche Technologien als Zugriff auf Drittsysteme, wohingegen RPA-Systeme die existierenden Benutzeroberflächen direkt ansteuern.	Diese Hypothese kann bestätigt und weiter ausgeführt werden. Neben der unterschiedlichen Integration unterscheidet sich auch die Art und Weise, wie die Effizienzsteigerung erzielt wird. Während bei BPMS die Optimierung der Prozesse im Vordergrund steht, werden bei RPA die bestehenden Prozesse automatisiert. Ein weiterer Unterschied findet sich beim Testing: Während bei RPA nur das Ergebnis verifiziert wird, gilt es bei BPMS, die neu realisierte Applikation zu testen (Cewe, Koch, & Mertens, 2018, S. 644; Willcocks, Lacity, & Craig, 2015b, S. 6-10).

Tabelle 4: Arbeitshypothese erste Forschungsfrage versus Erkenntnisse des theoretischen Teils

Die nachfolgenden Kapitel widmen sich der Beantwortung der zweiten Forschungsfrage, die nach den zentralen Erfolgsfaktoren bei der Einführung eines RPA-Systems fragt und den eigentlichen Kern dieser Thesis bildet. Der Theorieteil wird nun mit dem Kapitel fortgesetzt, das sich mit dem Einsatzbereich von RPA beschäftigt.

2.4 Einsatzbereich von RPA

2.4.1 Eigenschaften von Prozessen für die Automatisierung mit RPA

Zu Beginn werden die allgemeinen Eigenschaften von Aufgaben respektive Prozessen beleuchtet, die sich für die Automatisierung mit RPA anbieten. Anschliessend wird die Frage erörtert, wie die zuerst zu automatisierenden Prozesse ausgewählt werden. Anschliessend wird auf konkrete Anwendungsfälle eingegangen, die sich gemäss der Literatur bisher bewährt haben.

Prozesse mit den nachfolgenden Eigenschaften eignen sich für die Automatisierung mithilfe von RPA besonders gut (Allweyer, 2016, S. 4; Aguirre & Rodriguez, 2017; Dawo, 2017, S. 84-85):

- es treten wenig bis keine Ausnahmesituationen auf
- verschiedene, nicht integrierte Applikationen werden verwendet
- besteht aus aufeinanderfolgenden einfachen, repetitiven Arbeitsschritten, die sich mit eindeutigen Regeln beschreiben lassen (beispielsweise das Su-

chen, Zusammentragen und Aktualisieren von Daten) und in der manuellen Tätigkeit fehleranfällig sind
- die Arbeitsschritte benötigen keine subjektive Urteils- oder Interpretationsfähigkeiten und werden bisher von Menschen und der Unterstützung von Applikationen respektive deren Benutzeroberflächen ausgeführt
- hohe Compliance-Anforderungen
- eine Anpassung in den vom Prozess betroffenen Applikationen ist aufwendig
- Daten werden häufig manuell von einer Applikation in die andere übertragen, sog. 'Drehstuhltätigkeiten'

Bei einer 'Drehstuhltätigkeit' entnimmt der Mitarbeiter Daten, der sog. *Input*, von einer oder mehreren Applikationen (beispielsweise einer E-Mail im Outlook), verarbeitet diesen Input anhand von Regeln und gibt dann das Ergebnis, der sog. *Output*, in eine andere Applikation ein (beispielsweise in ein CRM-System). Die nachfolgende Abbildung visualisiert diese 'Drehstuhltätigkeiten' (Willcocks, Lacity, & Craig, 2015b, S. 5-6).

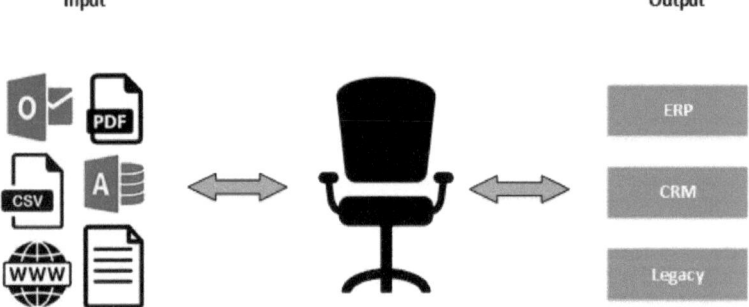

Abbildung 8: RPA bietet sich für Drehstuhltätigen an
Quelle: in Anlehnung an Willcocks, Lacity, & Craig (2015b, S. 5-6)

Die Komplexität der Prozesse beeinflussen die Einsatzmöglichkeiten von RPA wesentlich, wobei zwischen den folgenden Komplexitätsgraden differenziert werden kann (Czarnecki & Auth, Prozessdigitalisierung durch Robotic Process Automation, 2018, S. 118):

1. Daten werden innerhalb von Routineaufgaben aus unterschiedlichen Applikationen kopiert oder kombiniert.
2. Strukturierte Aufgaben mit regelbasierten Entscheidungen; Daten werden aus unterschiedlichen Applikationen genutzt und anhand von definierten Regeln weiterverarbeitet.
3. Unstrukturierte Aufgaben und Entscheidungen; neben den Daten und Regeln wird Wissen in Form von Erfahrung benötigt.

Die Automatisierung von Prozessen der ersten zwei Komplexitätsstufen mithilfe von RPA konnte in dokumentierten Projekten bereits mehrfach nachgewiesen werden (Schmitz, Dietze, & Czarnecki, 2019; Aguirre & Rodriguez, 2017; Nöther, 2018). Prozesse der dritten Komplexitätsstufe benötigen für die Automatisierung allerdings Lösungen mit kognitiven Fähigkeiten, was RPA nicht bietet (vgl. 2.3.1) (Czarnecki & Auth, 2018, S. 118).

Prozesse mit Medienbrüchen sind für die Automatisierung mit RPA oft ein guter Ansatzpunkt, beispielsweise wenn für die Erstellung eines Briefes Daten aus einer Excel-Datei benötigt oder wenn Daten aus einem Dokument für die Eingabe in ein ERP-System verwendet werden (Dose, 2017, S. 1). Eine Voraussetzung für die Automatisierung von Prozessen, bei denen Daten kopiert, verarbeitet und/oder in ein anderes System eingegeben werden, ist der Umstand, dass die strukturierten Daten bereits in einer existierenden Applikation zur Verfügung stehen oder mithilfe einer minimalen Anpassung verfügbar gemacht werden können (protiviti, 2019, S. 5-6).

Repetitive, standardisierte und strukturierte Aufgaben mit hohem Volumen eignen sich für die Auslagerung in Niedriglohnländer im Rahmen eines sog. *Business Process Outsourcing* (BPO). Die Einarbeitungszeit solcher Prozesse ist kurz und dank deren guten Messbarkeit kann der Lohnkostenunterschied berechnet werden. Aus diesem Grund kommen für RPA häufig Prozesse und Aufgaben in Frage, die bisher ausgelagert wurden. So kann RPA zur Folge haben, dass die Prozesse rückverlagert werden können (sog. *Insourcing*), mit dem Vorteil, dass kulturelle Barrieren und die Problematik der verschiedenen Zeitzonen wegfallen (Allweyer, 2016, S. 4).

Wird die Prozesslandschaft eines Unternehmens mithilfe der oben festgehaltenen Eigenschaften geprüft, erweisen sich einige Prozesse für die Automatisierung mit RPA als geeignet. Das folgende Unterkapitel umreisst grob, wie die zuerst zu automatisierenden Prozesse ausgewählt werden können.

2.4.2 Auswahl von Prozessen

Grundsätzlich geht es bei der Priorisierung der Prozesskandidaten darum, ein Optimum der beiden nachfolgenden Dimensionen zu finden (Schmitz, Dietze, & Czarnecki, 2019, S. 23):

- Komplexität des Prozesses
- Anzahl der Prozessausführungen

Die Kandidaten werden nach diesen Dimensionen bewertet, wobei eine tiefe Komplexität und eine hohe Anzahl an Prozessausführungen als besser angesehen werden. Der Verfasser empfiehlt ein Achsendiagramm zur Visualisierung. Dabei werden die beiden Dimensionen durch die beiden Achsen eines zweidimensionalen Koordinatensystems repräsentiert und die Kandidaten entsprechend ihrer Auswertung eingezeichnet (siehe nachfolgende Abbildung).

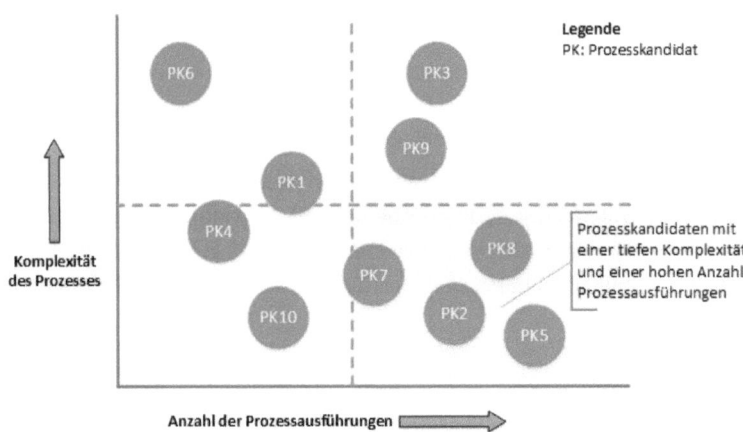

Abbildung 9: Achsendiagramm Komplexität versus Prozessausführungen

In der beispielhaften Abbildung sind die Prozesskandidaten fünf, zwei, acht, sieben und ggf. zehn von Interesse. Für diese Kandidaten werden in einem nächsten Schritt die Umsetzungsdauer sowie -kosten grob geschätzt, was eine weitere Filterung bedeutet. Anschliessend kann ein Qualifikationsblatt für jeden verbleibenden Kandidaten erstellt werden, das eine Beschreibung des Prozesses, detaillierte Informationen über die konkrete Automatisierung sowie genauere Angaben über den Umsetzungsaufwand und die potenziellen Kosteneinsparungen umfasst. Basierend auf diesen Informationen können im Anschluss Empfehlungen für den Entscheid abgeleitet werden (Schmitz, Dietze, & Czarnecki, 2019, S. 23-24).

Proviti (2019) empfiehlt, für die Auswahl von Prozessen gemäss nachfolgender Abbildung vorzugehen:

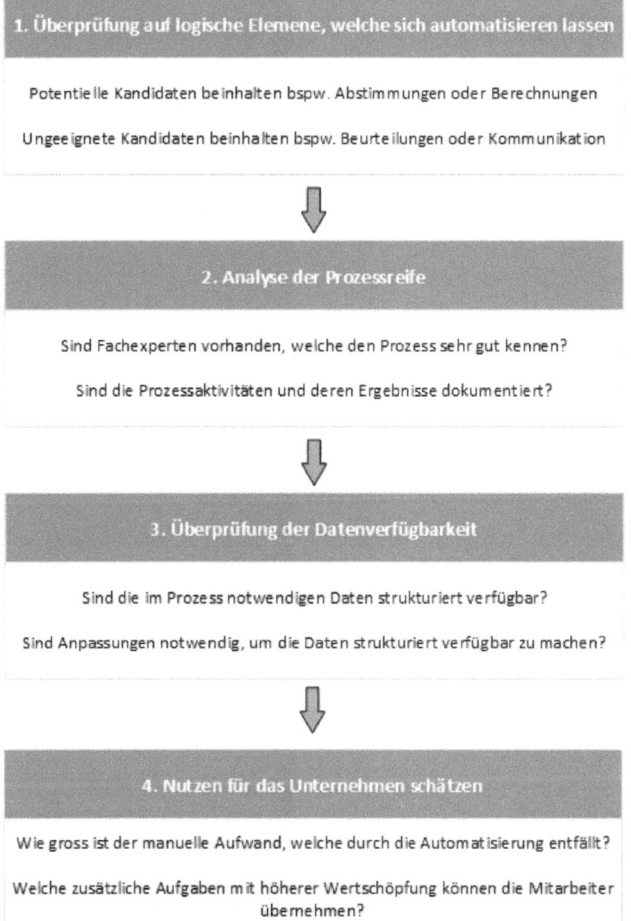

Abbildung 10: Strukturierter Ansatz zur Priorisierung von Automatisierungsmöglichkeiten
Quelle: in Anlehnung an protiviti (2019, S. 6)

Die Überprüfung der Prozesse auf logische Elemente, die sich einfach automatisieren lassen, bildet den ersten Schritt. Infrage kommen dabei Aufgaben wie Datenabstimmungen, Berechnungen und die Berichterstellung, während Aufgaben, die eine Beurteilung beinhalten oder Kommunikation benötigen, weniger geeignet sind.

Im zweiten Schritt wird die Reife des Prozesses mithilfe folgender Fragen analysiert (protiviti, 2019, S. 6):

- Wurde der Prozess über mehrere Zeiträume wiederholend ausgeführt?
- Ist ein fundiertes, organisatorisches Wissen über die Prozessausführung und die Ergebnisse mit den zuständigen Fachexperten vorhanden?
- Sind die Prozessaktivitäten und Ergebnisse dokumentiert?

Je klarer diese Fragen mit ja beantwortet werden können, umso höher ist die Reife des Prozesses. Anschliessend wird im dritten Schritt geprüft, ob die im Prozess notwendigen Daten bereits in einer strukturierten Form und in einer existierenden Applikation zur Verfügung stehen oder mit einer minimalen Anpassung verfügbar gemacht werden können (vgl. 2.4.1). Im letzten Schritt wird abgeschätzt, wie gross der manuelle Aufwand einer Automatisierung ist und welche Aufgaben mit höherer Wertschöpfung die betreffenden Mitarbeiter stattdessen übernehmen können.

Das nachfolgende Unterkapitel beschäftigt sich nun mit Anwendungsfällen, die sich gemäss der Literatur bereits bewährt haben.

2.4.3 Anwendungsfälle

Anwendungsfälle von Prozessen, die mithilfe von RPA automatisiert wurden, lassen sich in vielen Branchen finden (Allweyer, 2016, S. 4), wobei sich die vorliegende Arbeit auf die Finanzdienstleistungsbranche konzentriert. Kandidaten für die Automatisierung mit RPA gibt es dort vor allem im *Back-Office*, da sie stärker standardisiert sind als jene im *Front-Office* (Aguirre & Rodriguez, 2017, S. 67).

Cathy Tornbohm von *Gartner Consulting* (2018) empfiehlt die Automatisierung mit RPA grundsätzlich für jene Situationen, in denen eine klassische Integration oder Automatisierungs-möglichkeit zu teuer oder zu zeitaufwendig ist. Anwendungsfälle sieht sie dort, wo strukturierte Daten involviert sind und mindestens eine der folgenden Situationen zutrifft:

- Automatisierung einer bisher manuellen Aufgabe mit minimalem Aufwand an Prozess-Reengineering
- die Integration zweier Applikationen, zwischen denen eine technische Schnittstelle sehr komplex wäre

- dem Ersatz von bisher individuellen, unkoordinierten Teilautomatisierungen (beispielsweise mithilfe von Excel-Makros)
- die Vermeidung von neuen Integrationsprojekten oder neuen Applikationen

Singh (2018) sowie Leichsenring (2018) zeigen vielfältige Anwendungsfälle mit Fokus auf der Finanzdienstleistungsbranche mit folgenden Beispielen auf (Singh, 2018, S. 44-46; Leichsenring, 2018):

Bereich	Anwendungsfall
Kundenzufriedenheit	Der Eingang von Kundenbriefen wird gescannt und digitalisiert. Der Inhalt wird anschliessend durch einen Roboter auf bestimmte Wörter und Formulierungen durchsucht und beispielsweise bei Verdacht auf eine Unmutsäusserung an die zuständigen Mitarbeiter weitergeleitet.
Meldewesen	Periodisch müssen Banken zahlreiche Berichte und Statistiken zu Händen der Nationalbank sowie der Finma erstellen. Mithilfe von Robotern können die notwendigen Daten aus den unterschiedlichen Quellsystemen ausgelesen und den Anforderungen entsprechend aufbereitet werden.
Personalabteilung	Ein Roboter kann die Stammdaten aus Online-Bewerbungsdatenbanken auslesen und in das Personalmanagement-System eingeben. Bei einem Mitarbeitereintritt oder -austritt kann der Roboter die Anpassung in verschiedenen Applikationen vornehmen (beispielsweise im Zugangs-, Berechtigungs-, Zeiterfassungs-, Lohnbuchhaltungs- sowie Vorsorgesystem).
Kontoeröffnung	Der Roboter liest den Kontoeröffnungsantrag sowie anschliessend die Kundenstammdaten aus und führt verschiedene Aktionen durch, beispielsweise die Eröffnung des Kontos und die Hinterlegung von Vollmachtsregelungen im Kernbankensystem sowie die Bestellung von EC-Karten und/oder Kreditkarten.
Kreditentscheid	Der Roboter kann die für den Kreditentscheid notwendigen Informationen zusammentragen und aufbereiten. Konkret liest der Roboter zum Beispiel die Vermögensdaten sowie Kontobewegungen aus, erstellt anhand eines definierten Regelsets ein Rating und berechnet die Konditionen für das Kreditangebot.
Compliance	Ein zeitaufwändiger und kritischer Compliance-Prozess ist KYC (*Know Your Customer*), bei dem Kundendaten regelmässig eingeholt, gesammelt und überprüft werden müssen. Der Roboter kann die repetitiven Aufgaben dieses Prozesses übernehmen.

Tabelle 5: Anwendungsfälle
Quelle: in Anlehnung an Singh (2018, S. 44-46)

Die Identifikation von geeigneten Prozessen und deren Auswahl mithilfe einer strukturierten Priorisierung werden als zentral erachtet, damit die Automatisierung mit RPA auch den erhofften Nutzen bringt (Weldon, 2018). Was der Nutzen sein kann zeigt das nachfolgende Kapitel.

2.5 Nutzen von RPA

Gemäss einer Studie von Capgemini (2016) äussert sich der Nutzen von RPA durch folgende Punkte (Kroll, Bujak, Darius, Enders, & Esser, 2016):

- Reduzierung der Kosten
- Schnellere Prozessdurchlaufzeit
- Reduzierung von Fehlern
- Erhöhung der Compliance

Als Beispiel bietet sich ein gut dokumentierter RPA-Einsatz bei der Deutschen Telekom Technical Service GmbH (DTTS), eine Geschäftseinheit der Deutschen Telekom, an. DTTS hatte sich im Herbst 2015 für RPA entschieden und nach sechs Monaten Projektlaufzeit konnten die ersten Prozesse durch Roboter produktiv übernommen werden, die bereits im ersten Monat über 230'000 Transaktionen ausführten. Mit dem Aufbau einer zentralen Plattform mit mehr als 1'000 RPA-Robotern und der Automatisierung von Prozessen in verschiedenen Bereichen der DTTS wurden nach einem Jahr Projektlaufzeit bereits über 1'000'000 Transaktionen pro Monat produktiv durch Roboter ausgeführt. Als Folge konnten insgesamt 800 Vollzeitstellen eingespart werden, was je nach Bereich eine Kostenreduktion von 60–80% und einem *Return On Investment* (ROI) von weniger als drei Monaten bedeutete (Schmitz, Dietze, & Czarnecki, 2019, S. 26-27).

Durch den Einsatz von RPA konnte DTTS Vorteile in den folgenden drei Bereichen feststellen (Schmitz, Dietze, & Czarnecki, 2019, S. 27-28):

höhere Kundenzufriedenheit durch:

- 24h-Verfügbarkeit während 7 Tagen die Woche
- Vermeidung von Wartezeiten
- schnellere Problemlösung

bessere Finanzkennzahlen durch:

- Reduzierung der Personalkosten
- geringere Umsetzungs- und Wartungskosten
- bessere Möglichkeiten für *Cross- und Upselling*

höhere Prozess-Compliance durch:

- Beseitigung menschlicher Fehler (die Ergebnisse sind immer gleich)
- volle Transparenz von Aktionen und Entscheidungen
- agile Skalierung (reagiert auf Änderungen der Nachfrage)

Leichsenring (2018) sieht den Nutzen für die Finanzdienstleistungsbranche in einer Vielzahl von Einsatzbereichen. Beispielsweise kann die Bearbeitungszeit im Kundenservice verkürzt werden, indem Roboter die Bearbeitung von Standardfragen unterstützen. Die Betrugserkennung lässt sich verbessern, indem Roboter jede Transaktion überprüfen, potenzielle Betrugsfälle identifizieren und melden können. Oder die Kreditkartenverarbeitung kann beschleunigt werden, indem der Roboter eine Bonitäts- und Hintergrundprüfungen durchführt (Leichsenring, 2018).

Zusammenfassend kann sich der Nutzen von RPA wie folgt äussern (Kirchmer, 2017; Allweyer, 2016, S. 5-6; protiviti, 2019, S. 2; Singh, 2018, S. 40-42; Nöther, 2018):

Nutzen	Konkretisierung
Kostenreduktion	Reduktion der Kosten infolge von eingespartem Personal. Schätzungsweise verursacht ein Roboter ca. ein Neuntel der Kosten eines Backoffice-Mitarbeiters in Mitteleuropa (Allweyer, 2016, S. 5).
Niedrigere Amortisierungszeit	Bei einem direkten Vergleich zwischen der Umsetzung mit BPMS und einer RPA-Lösung zeigte sich, dass die Amortisationszeit bei BPMS drei Jahre und bei der RPA-Lösung nur 10 Monate betrug. (Willcocks, Lacity, & Craig, 2015a, S. 7).
Einfache Implementierung	Die Automatisierung ist ohne Anpassung von Applikationen möglich, weshalb die Anpassungen auch unabhängig von IT-Releases möglich sind. Es sind keine neuen Schnittstellen notwendig. Der Testaufwand ist geringer, da nur das Ergebnis des automatisierten Prozesses getestet werden muss (Singh, 2018, S. 41).

Nutzen	Konkretisierung
Höhere Qualität	Durch die Reduzierung von Fehleingaben erhöht sich die Prozessqualität. Ein Roboter erledigt eine Aufgabe immer auf dieselbe konsistente Art und Weise und kann Inkonsistenzen über Applikationen hinweg eliminieren (ATKearney & Arvato, 2018, S. 6). Sofern ein Roboter korrekt aufgesetzt wird, ist die Fehlerquote deutlich geringer, was das operative Risiko vermindert (Allweyer, 2016, S. 5; Singh, 2018, S. 42; Scheer & Feld, 2017b).
7x24h-Einsatz möglich	Der Einsatz von Robotern kennt keine zeitlichen Einschränkungen beziehungsweise ist jederzeit im Rahmen der Onlineverfügbarkeit der jeweilig bedienten Zielapplikation möglich. Ein Roboter kann ohne Unterbrechung arbeiten, benötigt keine Pausen oder Nachtruhe und zeigt auch keine Ermüdungserscheinungen (Singh, 2018, S. 8).
Leichtere Skalierbarkeit	Zusätzliche Roboterinstanzen lassen sich einfacher aufschalten als zusätzliche Mitarbeiter einstellen und einarbeiten. Volumenspitzen können so besser bewältigt und Arbeitsrückstände eliminiert werden (protiviti, 2019, S. 2).
Höhere Kunden-Zufriedenheit	Durch die Beschleunigung der Kundenservices kann die Kunden-Zufriedenheit gesteigert werden. Die Roboter unterstützen den Mitarbeiter bei Standardanfragen.
Einhaltung Compliance-Regeln	Die Einhaltung und Durchsetzung von Compliance-Regeln werden positiv beeinflusst. Roboter arbeiten exakt nach den vorgegebenen Regeln und protokollieren alle ausgeführten Aktionen. Zudem ermöglichen die meisten RPA-Plattformen ein Monitoring, was die Transparenz erhöht (ATKearney & Arvato, 2018, S. 6; Allweyer, 2016, S. 5).
Höhere Mitarbeiter-Zufriedenheit	Mitarbeiter werden von repetitiven, eher als langweilig empfundenen Aufgaben entlastet und können komplexere und ertragsbringende Aufgaben übernehmen. Die Kreativität und Lösungskompetenzen der Mitarbeiter werden gefördert (Singh, 2018, S. 40-41).
Bessere Kontrolle	RPA kann die Wiedereingliederung von ausgelagerten Prozessen dank niedriger Kosten ermöglichen und damit die Kompetenz und die Kontrolle über die Qualität dieser Prozesse erhöhen (ATKearney & Arvato, 2018, S. 5).
Kontinuierliche Prozessoptimierung	Neben der Automatisierung können Roboter auch für die Analyse und für die kontinuierliche Verbesserung von Prozessen eingesetzt werden, indem die RPA-Plattform den Bearbeitungsstand jedes Roboters respektive jedes mit RPA automatisierten Prozesses kennt und die Nichteinhaltung von *Service Level Agreements* (SLA), *Key Performance Indikatoren* (KPI) oder andere Anomalien in Prozessen erkennen kann (Scheer & Feld, 2017b, S. 4-5).

Tabelle 6: Nutzen

Neben dem vielseitigen Nutzen stossen jedoch auch Roboter an Grenzen. Sie sind einerseits durch ihre jeweiligen technischen Fähigkeiten limitiert. Andererseits sind sie immer nur so *smart* wie die Menschen, welche die Roboter konfigurieren und mit ihnen arbeiten (Singh, 2018, S. 40). Das nachfolgende Kapitel erörtert die Grenzen sowie die Herausforderungen, die sich durch den Einsatz von RPA ergeben können.

2.6 Grenzen und Herausforderungen

RPA eignet sich für die Automatisierung von einfachen, bereits existierenden Prozessen, die bisher von Mitarbeitern mithilfe verschiedener Applikationen ausgeführt wurden. So sind die Grenzen von RPA erreicht, wenn es sich um komplexe Prozesse handelt, die eine tiefere Systemintegration zum Ziel haben oder neue Prozesse infolge einer Reorganisation gestalten werden. Neue Services lassen sich von Beginn an so entwickeln, dass sie sich leicht in die bestehende Applikationslandschaft integrieren lassen. Die Grenzen von RPA sind ebenfalls erreicht, wenn die Applikation nicht über eine Benutzeroberfläche bedient wird, zum Beispiel beim Zusammenstellen und Installieren von Software-Anwendungen (*Build Management Tools*). In diesem Fall sind skriptbasierte Automatisierungslösungen besser geeignet (Allweyer, 2016, S. 7-9).

Mit der Weiterentwicklung der RPA-Systeme können sich zwar die Grenzen der Möglichkeiten nach oben verschieben, beispielsweise mithilfe von optischen Zeichenerkennungen, doch je mehr der nachfolgenden Kriterien zutreffen, umso weniger ist RPA geeignet und eine Alternative sollte geprüft werden (Dose, 2017, S. 2; Singh, 2018, S. 40):

- Bearbeitung von unstrukturierten Daten ist notwendig.
- Daten liegen nur in physischer und nicht in digitaler Form vor.
- Der Prozess umfasst Vorgänge, die sich kaum mit standardisierten Regeln abbilden lassen.
- Eine Integration des Menschen in den Prozess (beispielsweise für eine Beurteilung) ist notwendig.
- Der Prozess weist eine hohe Anzahl an Ausnahmeregeln auf.

Es sollte zudem beachtet werden, dass Roboter von der Verfügbarkeit und Stabilität der Zielapplikationen abhängig sind und nicht entkoppelt von der bestehenden Applikationslandschaft betrieben werden können. „RPA sollte immer als mögliche Automatisierungsalternative, aber niemals als Substitut für eine moderne

IT-Infrastruktur gelten" (Kleehaupt-Roither & Unger, 2018, S. 53). Ansonsten besteht die Gefahr eines Flickenteppichs: Es lohnt sich also nicht, schlechte Prozesse mittels RPA günstiger zu machen (Kleehaupt-Roither & Unger, 2018, S. 53).

Zusammenfassend können beim Einsatz von RPA folgende Herausforderungen auftreten:

Herausforderung	Konkretisierung
Widerstand der Mitarbeiter	Verschiedene Studien besagen, dass mithilfe neuer Technologien wie RPA bis zu 20 % der Vollzeitstellen innerhalb der nächsten 5–10 Jahre eingespart werden können. Diese Aussichten rufen bei den vermeintlich betroffenen Mitarbeitenden jedoch Widerstand hervor (Ostrowicz, 2019, S. 2-3; Singh, 2018, S. 42).
Veränderte Anforderungsprofile	Indem Roboter repetitive Aufgaben übernehmen, verbleiben für die Mitarbeitenden zunehmend Aufgaben, die Fähigkeiten wie kritisches Denken und Kreativität fordern. Die automatisierten Prozesse müssen zudem umfassend bekannt und Zusammenhänge verstanden werden (Singh, 2018, S. 43).
Zusätzliches geschäftskritisches System	Mit dem Einsatz von RPA über die ganze Unternehmensbreite und/oder in kritischen Prozessen wird ein zusätzliches geschäfts-kritisches System geschaffen. Bei einem Ausfall der RPA besteht die Gefahr, dass ganze Prozessketten stillstehen (Bremmer, 2018a).
Auswirkungen auf Lizenzen	Die Lizenzen der von den Robotern bedienten Zielapplikationen müssen überprüft werden, da manche Applikationshersteller beim Einsatz von RPA-Robotern andere Lizenzen verlangen (Bremmer, 2018a).
Unpassende Vorgehensmethodik	Als einer der Hauptursache für gescheiterte RPA-Projekte wird die Verwendung von ungeeigneten Projektmethoden gesehen. Konkret wird eine für die klassische Softwareentwicklung genutzte Vorgehensmethodik wie beispielsweise das *Wasserfallmodell* verwendet. Gemäss Ernst und Young (2016) sind solche Ansätze für RPA-Projekte zu überentwickelt und führen unter anderem zu einer überdimensionalen Spezifikationsphase mit wenig Mehrwert (Cewe, Koch, & Mertens, 2018, S. 642-643).
Symptom-Bekämpfung	Die Automatisierung mit RPA kann eine Symptombekämpfung sein, wenn repetitive Aufgaben automatisiert werden, hinter denen sich Probleme verbergen, die traditionell effizienter gelöst werden könnten. In solchen Fällen kann der Einsatz von RPA die echte Problemlösung behindern (Kirchmer, 2017).
Fehlendes Know-how	Der Aufbau einer RPA-Plattform für die unternehmensweite Automatisierung von Prozessen erfordert Expertenwissen, das aufgrund der eher neuen Technologie jedoch noch nicht weit verbreitet ist (Kirchmer, 2017).

Herausforderung	Konkretisierung
Unzureichende Konfiguration der Roboter	Durch den Einsatz von RPA können repetitive Aufgaben schnell, konstant und mit einer hohen Qualität durchgeführt werden, sofern die Roboter vollständig und korrekt konfiguriert wurden. Ist dies nicht der Fall, werden Fehler ebenso schnell und konstant produziert (Kirchmer, 2017).
Zusammenarbeit Fachabteilung und IT	Für die Sicherstellung einer stabilen und sicheren IT-Landschaft setzt eine IT-Abteilung unter anderem eine *Governance*, Sicherheitsrichtlinien und Standards ein. Möchte eine Fachabteilung RPA möglichst schnell im Unternehmen einführen, so ist ein Zielkonflikt vorprogrammiert. Es stellt sich schnell die Frage, unter welcher Führung und mit welchen Rahmenbedingungen die Einführung erfolgen kann (Willcocks, Lacity, & Craig, 2015b, S. 13-25).

Tabelle 7: Herausforderungen

Eine wichtige Voraussetzung für ein erfolgreiches RPA-Projekt ist eine vollständige Spezifikation der zu automatisierenden Prozesse und Kenntnisse über alle Varianten des Prozesses vom Input bis zum Output (Scheer & Feld, 2017b, S. 6; Bremmer, 2018b, S. 2; Singh, 2018, S. 43). Im folgenden Kapitel werden weitere Erfolgsfaktoren beleuchtet, die sich aus der Literatur ergeben.

2.7 Erfolgsfaktoren

Die Erfolgsfaktoren aus der Literatur lassen sich grob in zwei Kategorien einteilen:

- Empfehlungen zum Vorgehen
- allgemeine Empfehlungen zum Projekt

2.7.1 Empfehlungen zum Vorgehen

„to see if RPA should be used needs to start with understanding the process in order than to understand the choices of automation available in the short, medium and longer terms. If people don't know what they do or how they do it, they're not ready to start with RPA" (Weldon, 2018, S. 3). So empfiehlt Cathy Tornbohm von *Gartner Consulting* (2018) die folgenden Schritte (Weldon, 2018, S. 3):

1. Verwendung von Process Mining, Tools zur Ermittlung von Prozessen und/oder Beratern, um herauszufinden, was in einem Prozess tatsächlich getan wird
2. Mögliche Prozesspfade dokumentieren
3. Weniger optimale Prozesspfade eliminieren
4. Gängigste Prozesspfade automatisieren

Deloitte (2016) empfiehlt vorab die Erstellung einer Automatisierungsstrategie anhand der nachfolgenden fünf Schritten (Deloitte, 2016, S. 9):

WAS	Automatisierungsmöglichkeiten prüfen und bewerten
WARUM	*Business Case* erstellen
WIE	Optimale Aufbauorganisation bestimmen
WER	Automatisierungspartner identifizieren
WANN	*Roadmap* für die Automatisierung erstellen

Für die effektive Durchführung eines RPA-Projektes wird empfohlen, auf eine agile Vorgehensmethodik zu setzen und die Anforderungsspezifikation möglichst schlank zu halten. Cewe, Koch und Mertens (2018) haben einen konzeptionellen Ansatz entwickelt, der unter anderem die Idee des Test Driven Developments (TDD) in die Konfiguration von Robotern integriert (siehe nachfolgende Abbildung).

Theoretischer Teil

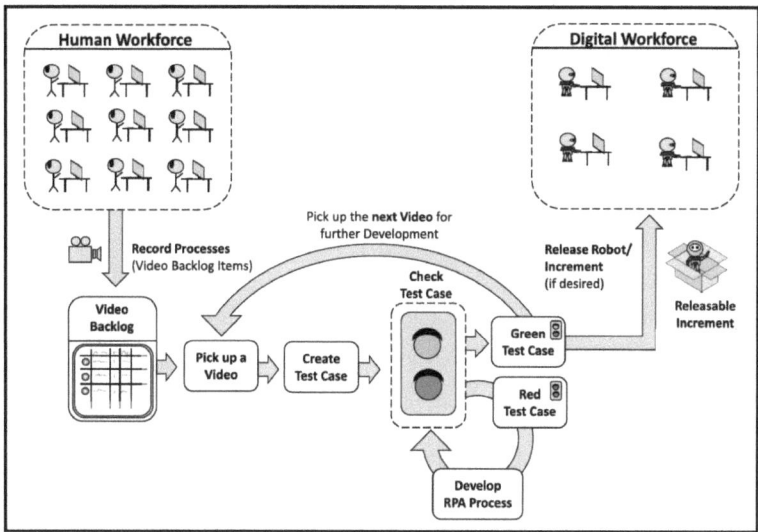

Abbildung 11: Roboter Konfiguration mit Bildschirmaufzeichnung und TDD
Quelle: Cewe, Koch, & Mertens (2018, S. 646)

Die Anforderungsspezifikation wird auf ein Minimum reduziert, indem die Abläufe am Bildschirm als Video aufgezeichnet und zusammen mit dem In- und Output des Prozesses in einem Video *Backlog* abgelegt werden. Diese Informationen reichen als Basis für die Automatisierung mit RPA aus. Ein RPA-Entwickler erstellt nun für einen Prozess aus dem *Backlog* einen Testfall basierend auf dessen In- und Output (*Test Case*). Anschliessend erfolgt die Konfiguration des Roboters auf der Grundlage der Videoaufzeichnung. Die Konfiguration ist abgeschlossen, sobald der Testfall erfüllt ist. Der RPA-Entwickler kann nun einen weiteren Prozess aus dem *Backlog* automatisieren. Konfigurierte Roboter können in Releases gebündelt eingeführt werden (Cewe, Koch, & Mertens, 2018, S. 645-646).

2.7.2 Allgemeine Empfehlungen

Ein wichtiger Faktor ist die Akzeptanz der Mitarbeiter. Um diese zu erreichen und langfristig zu erhalten, sind die Mitarbeiter und Roboter in ein Gesamtkonzept einzubinden. Ein professionelles *Change-Management* sollte sich daher gezielt um die Integration von Mitarbeitern und Robotern kümmern (Bremmer, 2018b).

Lacity und Willcocks (2016) sehen in der Akzeptanz der Mitarbeiter ebenfalls einen wichtigen Faktor für den Erfolg eines RPA-Projektes. Es gilt, zu erkennen, dass viele Mitarbeiter grundsätzlich misstrauisch gegenüber den Folgen der Automatisierung sind, negative Folgen aufgrund von mangelnden Informationen überschätzen und das Projekt möglicherweise sogar sabotieren. Bezüglich der Mitarbeitenden wird zudem empfohlen, die Talententwicklung innerhalb des Unternehmens zu überdenken und im Klaren darüber zu sein, welche Fähigkeiten zukünftig benötigt und gefördert werden sollen (Lacity & Willcocks, 2016, S. 46-49).

Ferner empfiehlt sich eine übergeordnete Strategie, welche die langfristigen Ziele der Organisation definiert (Kirchmer, 2017; Lacity & Willcocks, 2016). Darüber hinaus sind auch die Unterstützung der Geschäftsleitung sowie die Identifikation von Sponsoren zentral (protiviti, 2019, S. 8). Den Fachabteilungen sollte es erlaubt sein, die Führung der Projekte zu übernehmen, wobei eine frühe Involvierung der IT-Abteilung wichtig ist. Ein *Center of Excellence* sollte geschaffen werden, welches sich um die Identifizierung und Priorisierung von Automatisierungsmöglichkeiten, dem Konfigurieren der Roboter sowie um das Monitoring von produktiven Robotern kümmert (Lacity & Willcocks, 2016, S. 43-48; protiviti, 2019, S. 8).

Die DTTS kam beim Einsatz von RPA ebenfalls zur Erkenntnis, dass die Folgen für die Mitarbeitenden von Anfang an berücksichtigt werden müssen. Die agile Vorgehensmethodik hat sich für RPA-Projekte als gut geeignet erwiesen. Ferner ist RPA nicht nur ein System, um Kosten zu sparen, sondern auch ein Wegbereiter der digitalen Transformation (Schmitz, Dietze, & Czarnecki, 2019, S. 30-31).

Neben der bereits erwähnten agilen Vorgehensmethodik hat Ulrich Storck (2018), Manager der Scheer Holding, aus seinen Kundenprojekten folgende Erkenntnisse zusammengetragen (Bremmer, 2018a):

- «Ein schlechter Prozess bleibt auch automatisiert ein schlechter Prozess» (Bremmer, 2018a, S. 2). Ein Prozess muss zuerst genau analysiert und bei Bedarf optimiert werden, bevor eine Automatisierung in Angriff genommen werden kann.
- Mit RPA kann nicht jedes Problem gelöst werden und so sind die Grenzen dieser Technologie zu berücksichtigen.

- Die Prozesskandidaten, die sich für eine Automatisierung eignen, sind systematisch zu identifizieren.
- Permanentes Monitoring mit frühzeitiger Fehlererkennung sind wichtig. Ein Roboter kann nur mit jenen Fehlern umgehen, an die während seiner Konfiguration gedacht wurde. Mit der Automatisierung können nicht berücksichtige Fehlersituationen zu grösseren Schäden führen, vergleiche auch protiviti (2019, S. 8).

Die VR FinanzDienstLeistung GmbH machte bei der Konfiguration von Robotern die Erfahrung, dass die verschiedenen Prüfschritte eines Prozesses die meiste Zeit in Anspruch nehmen und dass RPA-Entwickler wie Roboter denken müssen. Um die Anforderungen aus den Bereichen Datenschutz und interner Revision zu erfüllen, nahm die Dokumentation des gesamten Projektes zudem eine zentrale Stellung ein. Schliesslich hat sich eine zentrale, skalierbare Robotik-Infrastruktur als wichtige Voraussetzung erwiesen (Nöther, 2018).

Laut Cathy Tornbohm von *Gartner Consulting* (2018) kann ein IT-Leiter ein RPA-Vorhaben unterstützen, indem er eine klare *Governance* bietet und über die Fähigkeiten sowie Grenzen des jeweiligen RPA-Systems Bescheid weiss (Weldon, 2018).

Die erfolgreiche Zusammenarbeit zwischen den Fachabteilungen und der IT wird als zentral angesehen. Willcocks, Lacity und Craig (2015b) analysierten diese Thematik vertieft. Die zentrale Herausforderung ist es, eine Balance zwischen den Anforderungen der IT hinsichtlich der *Governance*, Sicherheit sowie Widerstandsfähigkeit und den geschäftlichen Anforderungen an eine schnell und günstig gelieferte Automatisierung zu finden. Dafür werden sechs Schritte empfohlen (Willcocks, Lacity, & Craig, 2015b, S. 29-34):

1. Ausgehend von der Unternehmensstrategie wird der erwartete Nutzen innerhalb einer RPA-Vision festgehalten.
2. Organisation inklusive eines *Head of RPA* werden definiert.
3. *RPA Governance Boards* für die Verwaltung und Priorisierung von Prozesskandidaten wird gebildet.
4. Vorgehensmethodik wird definiert.

5. Mitarbeiter, deren Rollen und Verantwortlichkeiten werden definiert.
6. Eine skalierbare und wartungsarme technische Infrastruktur werden definiert.

Mit den aus der Literatur entnommenen Empfehlungen und Erkenntnissen wurde seitens der Theorie die Kernforschungsfrage nach zentralen Erfolgsfaktoren beleuchtet. Im nachfolgenden Kapitel werden diese Empfehlungen der Arbeitshypothese gegenübergestellt, was den Abschluss des Theorieteils bildet.

2.8 Theoretische Erkenntnisse

Die in der Arbeitshypothese zur Kernforschungsfrage aufgestellten Punkte konnten im Rahmen einer Literaturrecherche weitgehend bestätigt werden. Zusätzlich konnten weitere Erfolgsfaktoren identifiziert werden. In der nachfolgenden Tabelle werden die verschiedenen Elemente der Arbeitshypothese den Erkenntnissen aus dem theoretischen Teil dieser Thesis gegenübergestellt. Aus Gründen der Übersichtlichkeit werden in der Spalte mit den Erkenntnissen nur einige Beispiele aufgeführt, was auch für die Literaturzitate gilt.

Arbeitshypothese in Anlehnung an (ATKearney & Arvato, 2018)	Erkenntnisse des theoretischen Teils
Die Automation mittels RPA dient nicht dazu, Probleme in den Abläufen zu beheben, weshalb die Prozesse vor dem Einsatz von RPA optimiert werden sollten.	Die Hypothese kann mithilfe von verschiedenen Literaturquellen bestätigt werden. Es lohnt sich also nicht, schlechte Prozesse mit RPA günstiger zu machen (Kleehaupt-Roither & Unger, 2018, S. 53; Bremmer, 2018a, S. 2). Es ist zentral, dass vor der Automatisier-ung alle Varianten des Prozesses vom In- bis zum Out-put bekannt sind und die weniger optimalen Pfade eli-miniert werden (Scheer & Feld, 2017b, S. 6; Bremmer, 2018b, S. 2; Singh, 2018, S. 43; Weldon, 2018, S. 3).
Alle Stakeholder sind früh in die Kommunikation einzubinden.	Diese Hypothese konnte bestätigt und weiter ausgeführt werden. Das Vorhaben sollte von Beginn an durch die Geschäftsleitung stark unterstützt werden. Den Fachabteilungen sollte es erlaubt sein, die Führung zu übernehmen, während die IT-Abteilung ebenfalls frühzeitig involviert werden sollte (protiviti, 2019, S. 8; Lacity & Willcocks, 2016, S. 43-48; Willcocks, Lacity, & Craig, 2015b, S. 29-34).

Arbeitshypothese in Anlehnung an (ATKearney & Arvato, 2018)	Erkenntnisse des theoretischen Teils
Mit einem Proof of Concept (PoC), der schnell Erfolge zeigt und damit Vertrauen schafft, sollte begonnen werden.	Die Hypothese bestätigte sich nur bedingt. Nicht primär das schnelle Aufweisen eines Erfolges, sondern die systematische Identifizierung und Priorisierung von geeigneten Prozesskandidaten und damit auch der Entscheid für den ersten Prozess (Pilot) werden als wichtig für den Erfolg betrachtet (Weldon, 2018, S. 3; Deloitte, 2016, S. 9; Bremmer, 2018a).
Das Implementierungsdesign sollte das gesamte betroffene Team be-rücksichtigen, da sich Rollen und organisatorische Strukturen ver-ändern werden.	Die Hypothese konnte bestätigt werden und wurde dahingehend detailliert, dass die Mitarbeiter und Roboter in ein Gesamtkonzept einzubinden sind (Bremmer, 2018b). Die Akzeptanz der Mitarbeiter wird in diversen Quellen als wichtiger Erfolgsfaktor gesehen (Lacity & Willcocks, 2016, S. 46-49; Schmitz, Dietze, & Czarnecki, 2019, S. 30-31).
Es sollte eine agile Vorgehensmethodik gewählt werden, in der in Sprints getestet und verfeinert wird	Die Hypothese hat sich bestätigt. Eine agile Vorgehens-methodik wird in diversen Quellen für RPA-Projekte explizit empfohlen (Kirchmer, 2017; Bremmer, 2018a; Schmitz, Dietze, & Czarnecki, 2019, S. 30-31). Cewe, Koch und Mertens (2018) haben einen konzept-ionellen Ansatz für RPA-Projekte entwickelt, der die agile Vorgehensmethodik unter anderem mit der Idee des *TTD* kombiniert (Cewe, Koch, & Mertens, 2018, S. 645-646).

Arbeitshypothese in Anlehnung an (ATKearney & Arvato, 2018)	Erkenntnisse des theoretischen Teils
In Arbeitshypothese nicht enthalten	Eine übergeordnete Strategie, welche die langfristigen Ziele der Organisation definiert, unterstützt den erfolg-reichen Einsatz von RPA (Kirchmer, 2017; Lacity & Willcocks, 2016). In diesem Zusammenhang kann RPA auch als Wegbereiter in der digitalen Transformation dienen (Schmitz, Dietze, & Czarnecki, 2019, S. 30-31).
	Der Dokumentation des gesamten Projektes ist eine zentrale Stellung einzuräumen, damit die Anforderung-en aus den Bereichen wie Datenschutz, IT-Sicherheit und interner Revision erfüllt werden (Nöther, 2018).
	Für ein Gelingen muss eine Balance zwischen den Anforderungen der IT hinsichtlich der *Governance*, Sicherheit und Widerstandsfähigkeit und den geschäft-lichen Anforderungen an eine schnell und günstig gelieferte Automatisierung gefunden werden (Willcocks, Lacity, & Craig, 2015b, S. 29-34).
	Es gilt, zu beachten, dass nicht jedes Problem mit RPA gelöst werden kann und sollte, weshalb deren Grenzen zu berücksichtigen sind (Bremmer, 2018a).
	Ein *Center of Excellence* wird empfohlen, das sich um die Identifizierung und Priorisierung von Automatisier-ungsmöglichkeiten, das Konfigurieren der Roboter sowie um das Monitoring von produktiven Robotern kümmert (Lacity & Willcocks, 2016, S. 43-48; protiviti, 2019, S. 8).
	Ein permanentes Monitoring mit frühzeitiger Fehler-erkennung wird empfohlen. Ein Roboter kann nur mit jenen Fehlern umgehen, an die während seiner Konfi-guration gedacht wurde. Mit der Automatisierung können nicht berücksichtigte Fehlersituationen zu grösseren Schäden führen (Bremmer, 2018a; protiviti, 2019, S. 8).

Tabelle 8: Arbeitshypothese Kernforschungsfrage versus Erkenntnisse des theoretischen Teils

Die Erkenntnisse aus der Theorie gilt es nun, in der Empirie zu überprüfen. Im folgenden dritten Teil dieser Thesis wird die methodische Vorgehensweise vorab dargelegt, das heisst wie die Erkenntnisse in der Empirie gewonnen werden.

3 Methodische Vorgehensweise

3.1 Qualitative Forschung

«Im Verständnis qualitativer Forschung ist die soziale Wirklichkeit kommunikativ bedingt» (Mayer, 2013, S. 23). Indem sich Menschen ein Bild respektive eine Sichtweise von der Welt machen, konstruieren sie eine Wirklichkeit, die durch deren Kommunikation wiederum beeinflusst wird. Gemäss dieser Ansicht schaffen sich die Menschen die gesellschaftlichen Strukturen durch ihr Handeln selbst. Sie interpretieren die beobachtete Wirklichkeit auf der Grundlage ihres Vorwissens. Die Forscher nähern sich der Wahrheit in der qualitativen Forschung durch einen Diskurs, was deren Offenheit erklärt. Zwischen dem theoretischen Vorwissen und den qualitativ erhobenen Daten findet ein ständiger Austausch statt. Die aus empirischen Untersuchungen aufgestellten Theorien sind keine Fakten, sondern vorläufige Versionen (Mayer, 2013, S. 23-24).

Die qualitative Forschung eignet sich besonders für Fragen, deren Beantwortung andere Voraussetzungen benötigen als die Einordnung auf einer Skala. Wenn es wahrscheinlich ist, dass die Befragten im Interview ausholen, Hintergründe erläutern und selbst nach Erklärungen suchen, werden nebenbei oftmals viele interessante Antworten gewonnen. Ferner kommt zum Ausdruck, wie die Befragten auf ihre Bewertungen kommen und welche Aspekte für sie wichtig sind. Es besteht die Möglichkeit, konkret nachzufragen und nonverbale Signale wie längere Pausen oder zögerliches Antworten können wahrgenommen werden. Zusammenhänge werden analysier- und nachvollziehbar, was hilft, Missinterpretationen zu reduzieren (Dresing & Pehl, 2018, S. 7-8).

Die Digitalisierungswelle beschleunigt den Wandel, die Entwicklung und Verbreitung neuer Technologien. Jedes Unternehmen ist geprägt von ihrer Geschichte und bringt eine eigene Unternehmenskultur mit sich. Aus diesem Grund geht der Verfasser davon aus, dass der Umgang der Unternehmen mit der Digitalisierung und insbesondere mit Technologien wie RPA ebenfalls sehr unterschiedlich sind. Als Folge sieht der Verfasser in der Offenheit und in der dialog-fokussierten qualitativen Forschung die beste Möglichkeit, um auf die verschiedenen Umgangsweisen einzugehen, um daraus zentrale Erfolgsfaktoren für die Einführung eines RPA-Systems ableiten zu können. Im Mittelpunkt dieser Thesis stehen somit eine Reihe von praxisbezogenen Interviews, die anhand eines Leitfadens durchgeführt wurden (Datenerhebung). Anschliessend wurden die aufgezeichneten Interviews transkribiert und im Rahmen einer Inhaltsanalyse ausgewertet (Datenauswertung).

3.2 Leitfadeninterview als Experteninterview

Den Interviews liegt ein Leitfaden mit offen formulierten Fragen zugrunde, der zur Orientierung dient, damit keine wesentlichen Aspekte übersehen werden. Mit dem Einsatz eines Leitfadens erhalten die erhobenen Daten eine Struktur und die Vergleichbarkeit wird erhöht. Sofern keine themenfernen Ausschweifungen verhindert werden müssen, sollte nicht stur am Leitfaden festgehalten werden (Mayer, 2013, S. 37-38).

Genauer spezifiziert, handelt es sich um Leitfadeninterviews der Form Experteninterview. Das bedeutet, dass nicht die Befragten als Personen im Fokus stehen, sondern deren Funktionen, die sie ausüben und die sie zu Experten für bestimmte Handlungsfelder machen (Mayer, 2013, S. 38). Mithilfe eines Leitfadeninterviews soll ein Prozess rekonstruiert werden, bei dem die interviewten Personen involviert sind. Mit der Involvierung gelten sie als Experten, was bedeutet, dass sie Erfahrung und Know-how bezüglich der befragten Situation haben (Gläser & Laudel, 2010, S. 13). Ferner dienen sie als Repräsentanten einer Gruppe. Aus diesem Grund ist es die Aufgabe des Leitfadens, alle Fragen auf das interessierende Expertentum zu beschränken (Mayer, 2013, S. 38).

3.3 Vorgehen

Das grundsätzliche methodische Vorgehen, das dieser Thesis zugrunde liegt, wird in der Einleitung festgehalten (vgl. Kapitel 1.5). Auf die Schritte Datenerhebung und -auswertung wird nachfolgend näher eingegangen und in der folgenden Abbildung gezeigt, aus welchen Detailschritten diese bestehen.

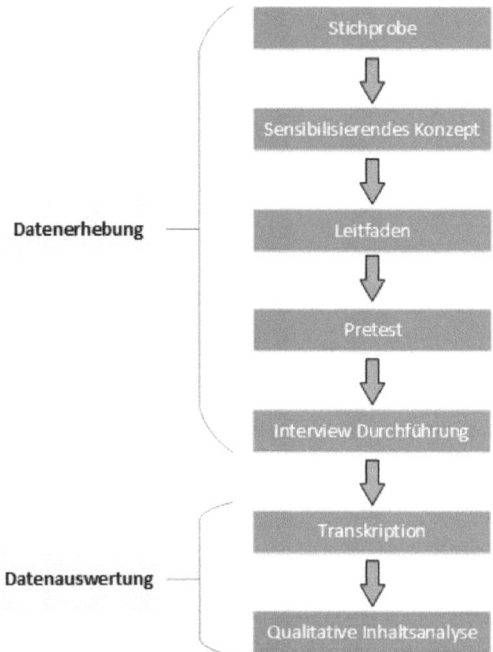

Abbildung 12: Methodisches Vorgehen Datenerhebung und -auswertung
Quelle: in Anlehnung an Mayer (2013, S. 42)

In den folgenden Kapiteln wird beschrieben respektive wird im Sinne eines Berichtes aufgeführt, wie und mit welchem Ergebnis die Schritte erarbeitet wurden. Die qualitative Inhaltsanalyse, der letzte Schritt, wird im Unterkapitel 3.5.2 noch in weitere Detailschritte gegliedert.

3.4 Datenerhebung

3.4.1 Stichproben – Erläuterung zur ausgewählten Zielgruppen

Die Auswahl der Interviewpartner ist nicht repräsentativ. Die erste Selektion erfolgte bereits mit der Definition der Zielgruppen im Grobkonzept dieser Thesis. Dabei wurden vier Zielgruppen zusammengetragen, die aus den Anwendern oder Applikationsverantwortlichen von produktiv genutzten RPA-Systemen, Herstellern von RPA-Systemen, Integrationsspezialisten sowie Beratern bestehen. Dank den Erkenntnissen aus der Literaturrecherche und den zahlreichen Kontaktaufnahmen mit potenziellen Interviewpartnern wurde ersichtlich, dass keine klare Trennung zwischen Integrationsspezialisten und Beratern gefunden werden kann, da in den kontaktierten Beratungsunternehmen die Beratungs- und Integrationsarbeiten von denselben Personen ausgeübt werden. In Unternehmen mit dem notwendigen Know-how nimmt der Applikationsverantwortliche die Integration der RPA-Systemen selber vor. Zusammenfassend ergeben sich folgende drei Zielgruppen:

Zielgruppe	Beschreibung	Bemerkung
Berater	Berater, die Kunden auf dem Gebiet der Automatisierung unterstützen und die Einführung sowie Integration von RPA-Systemen begleiten	Basierend auf der breiten Erfahrung der Berater (Spezialisierung, Anzahl an Projekte, Vergleich zwischen verschiedenen Unternehmen/Projekte) sowie der guten Bereitschaft zur Unterstützung dieser Master-Thesis liegt der Schwerpunkt auf dieser Zielgruppe
Anwender	Anwender oder Applikationsverantwortliche von ein-geführten und produktiv genutzten RPA-Systemen	Die Anzahl an Unternehmen (mit Fokus auf die Finanzdienstleistungsbranche im Grossraum Zürich) mit produktiv genutzten RPA-Systemen ist noch gering und die Bereitschaft zur Unterstütz-ung dieser Master-Thesis eher mässig. Dennoch wird diese Zielgruppe als wichtig angesehen, da sie über die Einführung hinweg auch Erfahrung im Betrieb von RPA-Systemen hat.
Hersteller	Lieferanten von RPA-Systemen	Die führenden Hersteller stammen allesamt aus dem Ausland und die Präsenz in der Schweiz zeigt sich – wenn überhaupt – nur durch ein Vertriebs-büro. Da die Einführung eines RPA-Systems in einem Unternehmen nicht direkt durch den Her-steller, sondern durch Beratungsunternehmen begleitet wird und da die Objektivität zum Produkt eher beschränkt ist, wird dieser Zielgruppe eher weniger Gewicht beigemessen.

Tabelle 9: Zielgruppen

Basierend auf diesen drei Zielgruppen und der Verfügbarkeit der kontaktierten Unternehmen setzen sich die Interviewpartner wie folgt zusammen:

Zielgruppe	Funktion	Unternehmen
Berater	RPA Consultant	Führendes Beratungsunternehmen im Bereich Digitalisierung und Robotics
Berater	Associate Partner, Bereich Banking, zuständig für Operation Excellence (unter anderem RPA)	International tätiges Beratungsunter-nehmen, Partnerfirma der führenden RPA-Anbieter

Zielgruppe	Funktion	Unternehmen
Berater	Associate Partner, Bereich Versicherung, zuständig für Operation Excellence (unter anderem RPA)	International tätiges Beratungsunter-nehmen, Partnerfirma der führenden RPA-Anbieter
Berater	Director Customer Experience	Full IT Service Provider, Partnerfirma der führenden RPA-Anbieter
Anwender	IT-Abteilungsleiter, RPA-Verantwortlicher auf IT-Seite	Führende Privatbank, die RPA international produktiv einsetzt
Anwender	Head of RPA Global Competence Center	Führende Privatbank, die RPA international produktiv einsetzt
Anwender	RPA Project Manager, BPO Center	Core Banking Software Provider, BPO Center
Hersteller	Director	*UiPath*, weltweit führender Hersteller des gleichnamigen RPA-Systems

Tabelle 10: Interviewpartner

Nach der Stichprobenbildung wird im nächsten Unterkapitel auf die Entwicklung des Interviewleitfadens eingegangen, dessen Basis ein sensibilisierendes Konzept ist.

3.4.2 Sensibilisierendes Konzept

Um den zu behandelnden Realitätsausschnitt mit allen wesentlichen Aspekten der Kernforschungsfrage zu berücksichtigen, wurde ein sensibilisierendes Konzept erarbeitet (Mayer, 2013, S. 43). Dieses beinhaltet unter anderem die Vorstellung eines Einführungsprojektes eines RPA-Systems. Ausgehend von den Schlüsselbegriffen der Forschungsfrage wurden mithilfe der dimensionalen Analyse die verschiedenen Dimensionen erarbeitet. Wie tief die dimensionale Analyse geht, ist abhängig von den Begriffen sowie der Erhebungsmethode (Mayer, 2013, S. 44).

Die Kernforschungsfrage lässt sich in drei Schlüsselbegriffe aufteilen:

Worin liegen die zentralen **Erfolgsfaktoren** bei der **Einführung** eines **RPA-Systems** in Unternehmungen?

Für jeden Schlüsselbegriff wurde eine dimensionale Analyse durchgeführt. In diesem Kontext hat sich eine Tiefe von drei bis vier Ebenen bewährt.

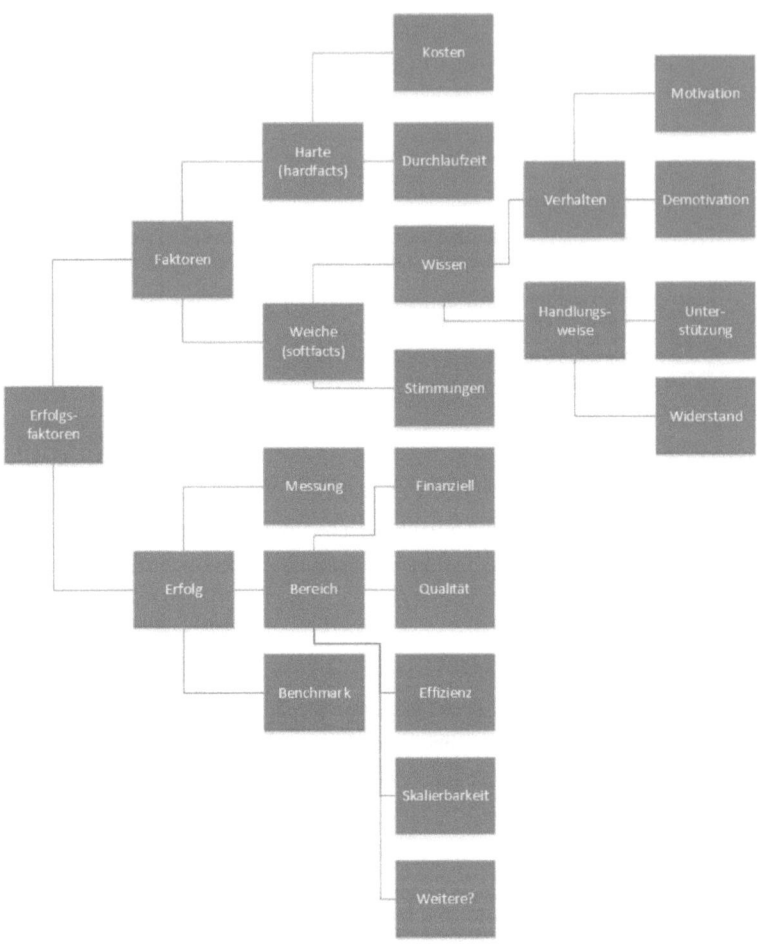

Abbildung 13: dimensionale Analyse, Erfolgsfaktor

Methodische Vorgehensweise

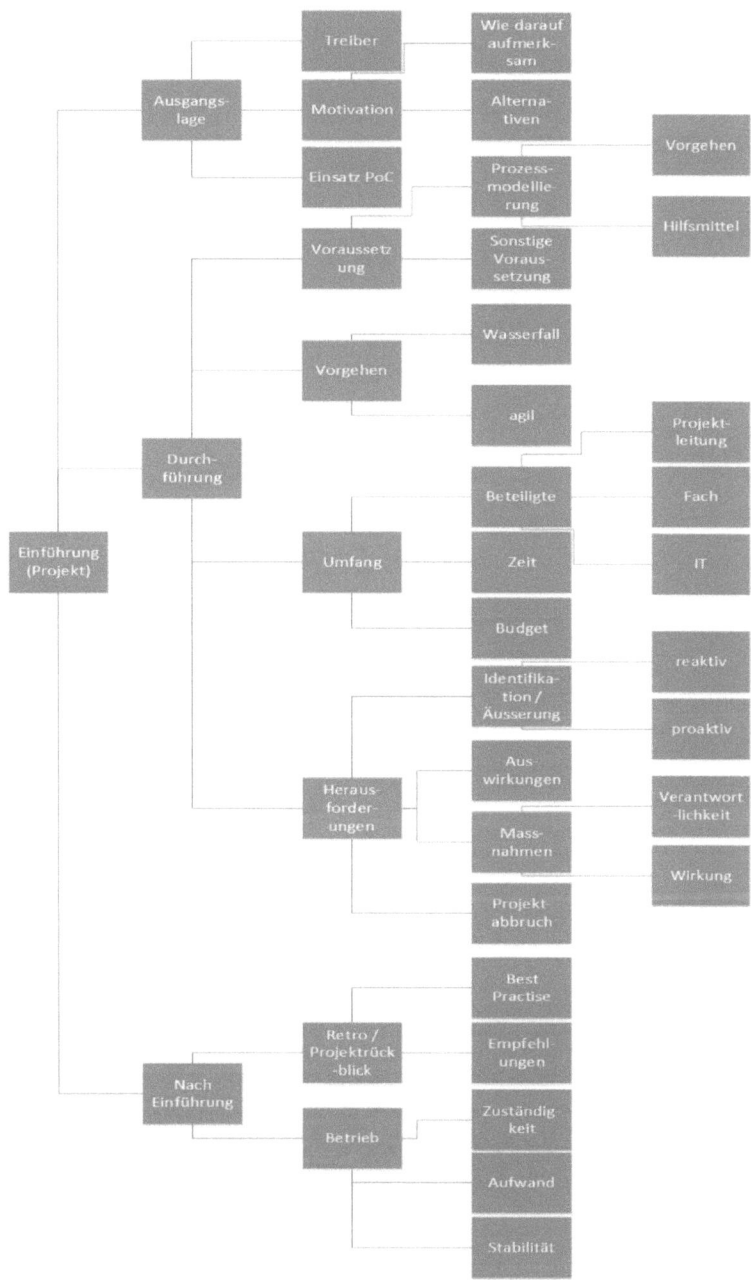

Abbildung 14: dimensionale Analyse, Einführung (Projekt)

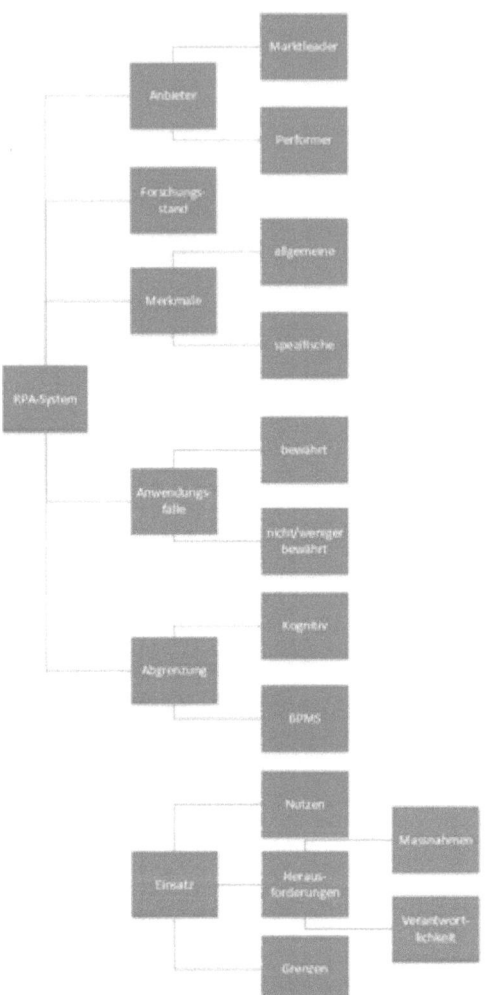

Abbildung 15: dimensionale Analyse, RPA-System

Neben der Durchführung des RPA-Projektes wurde in der dimensionalen Analyse die Ausgangslage und der Betrieb von Robotern berücksichtigt. Der Verfasser hat sich hierfür entschieden, da die Ausganglage und der Betrieb von realisierten Lösungen gemäss seiner Erfahrung ebenfalls Quellen von möglichen Erfolgsfaktoren sein können.

Das erarbeitete, sensibilisierende Konzept dient nun als Grundlage für den Interviewleitfaden, der im Folgenden erläutert wird.

3.4.3 Leitfaden

Dank den erarbeiteten Dimensionen lassen sich für den Leitfaden Themenkomplexe bilden sowie Fragen ableiten, die den Themenkomplexen zugeordnet werden können. Dabei ist es zentral, sich immer wieder an der Kernforschungsfrage zu orientieren, was bedeutet, dass jeder Themenkomplex auf dessen Relevanz für die Beantwortung geprüft wird. Gleiches gilt auch bei der Erstellung und der Zuordnung der Fragen zu den Themenkomplexen. «Die ständige und konsequente Orientierung an der forschungsleitenden Fragestellung ist bei der Erstellung des Leitfadens unumgänglich» (Mayer, 2013, S. 45). Ansonsten besteht die Gefahr, dass zu viele und nicht-relevante Fragen den Leitfaden unnötig vergrössern und das Interview so zu einem Abarbeiten von Fragen wird, was keinen offenen Spielraum für weitere wichtige Erkenntnisse lassen würde (Mayer, 2013, S. 43-44).

Im Gegensatz zum Fragebogen ist der Leitfaden nur ein Gerüst, was bedeutet, dass der Interviewer die Freiheit hat, zu entscheiden, wann und in welcher Form er eine Frage stellen möchte. Auf diese Weise wird der Anspruch der qualitativen Forschung nach Offenheit erfüllt. Der Redefluss des Interviewpartners wird nur unterbrochen, wenn er zu stark vom Thema abschweift. Die Fragen sollen so gestellt werden, dass sie an die Praxis des Interviewpartners anschliessen, um den interessierenden Prozess, der Antworten zur Kernforschungsfrage liefert, auf diese Weise möglichst zu rekonstruieren (vgl. 3.2) (Gläser & Laudel, 2010, S. 142-143).

Im Sinne einer Checkliste wird zu Beginn des Leitfadens aufgeführt, was dem Interviewpartner gesagt werden muss. Diese Auflistung umfasst folgende Elemente (Gläser & Laudel, 2010, S. 144):

- das Ziel der Untersuchung
- die Rolle, die das Interview bei der Zielerreichung spielt
- die ausdrückliche Genehmigung über die Aufzeichnung des Gesprächs
- die Information, wie die Daten geschützt werden
- die Information, wie die Anonymität sichergestellt wird

Regeln, welche die Erstellung von Fragen unterstützen, gibt es nicht. Das Führen des Interviews benötigt vor allem Erfahrung. Neben der dimensionalen Analyse als Grundlage nutzte der Verfasser zwei weitere Hilfsmittel für die Erstellung der Fragen: typische Elemente, die Leitfadenfragen aufweisen und Grundsätze, die bei der Auswahl der Fragen Orientierung geben.

Typische Elemente von Leitfadenfragen werden nachfolgend aufgeführt (Gläser & Laudel, 2010, S. 92-93):

- Prozesse, die rekonstruiert werden
- Beteiligte Personen an diesen Prozessen
- Ziele dieser Personen (bezogen auf die Prozesse)
- Handlungen, die den Verlauf des Prozesses beeinflussen
- Aufgetretene Probleme, deren Ursachen und ergriffene Massnahmen

Grundsätze für die Auswahl der Fragen (Gläser & Laudel, 2010, S. 144-145):

- leicht verständliche Fragen in der Alltagssprache (der Interviewpartner muss der Frage klar entnehmen können, was der Interviewer wissen möchte)
- Erzählanregungen sind den Detailfragen zu bevorzugen
- Meinungsfragen, hypothetische Fragen und Provokationen sollen nur sparsam und wo sinnvoll eingesetzt werden

Jeder Themenkomplex enthält zu Beginn eine Erzählanregung (in **Fettdruck**), gefolgt von Detailfragen, die im optimalen Fall bereits durch die Erzählanregung beantwortet werden, sodass der Interviewer sie gedanklich abhaken oder bei unklaren Details gegebenenfalls nachhaken kann (Gläser & Laudel, 2010, S. 144-145).

Die Themenkomplexe folgen einer Chronologie, beginnend mit der Frage, wie das Unternehmen auf RPA aufmerksam wurde, gefolgt von den verschiedenen Phasen des RPA-Projektes bis zur Gegenwart. Zum Aufwärmen wird zu Beginn eine Frage gestellt, die dem Interviewpartner angenehm ist und eine gute Atmosphäre schafft. Für die Phasen zwischen den Themenkomplexen wurde eine Überleitung vorbereitet, damit der Übergang nicht zu abrupt ist. Als Abschluss wird der Interviewpartner gefragt, ob aus seiner Sicht noch ein wichtiger Aspekt fehle. Diese Frage kann noch wichtige, bisher aber nicht berücksichtigte Informationen liefern und lässt dem Interviewpartner zudem die Wahl, über den Inhalt der Antwort zu entscheiden (Gläser & Laudel, 2010, S. 144-149).

Für jede der drei Zielgruppen wird ein Leitfaden erstellt, wobei der Grossteil der Fragen für alle drei Zielgruppen dieselben sind, um eine möglichst hohe Vergleichbarkeit der Antworten zu erreichen. Für die Beleuchtung der gruppenspezifischen Eigenheiten werden insbesondere im ersten und letzten Themenkomplex, die auf die Ausgangslage, den Betrieb und den Ausblick eingehen, individuelle Fragen gestellt.

Die Fragen sind im Leitfaden ausformuliert, damit sich der Verfasser mit deren Formulierung bereits vor den Interviews bewusst auseinandersetzen konnte. Ein weiterer Vorteil ist, dass sich die Vergleichbarkeit der Ergebnisse erhöht, da die Interviewpartner die Frage in ähnlicher Weise hören, was aber nicht bedeutet, dass die Fragen immer 1:1 gestellt werden. Sie sollen spontan operationalisiert, also dem Interviewpartner und dem Gesprächsverlauf angepasst, werden (Gläser & Laudel, 2010, S. 144).

3.4.4 Pretest

Die erstellten Leitfäden wurden vor den Interviews in drei Schritten validiert:

1. Die Fragen wurden auf die *DOs and DON'Ts* von Dresing und Pehl geprüft (vgl. 6.4.3) (Dresing & Pehl, 2018, S. 10-11).
2. Die Fragen wurden auf folgende Punkte geprüft (Gläser & Laudel, 2010, S. 149):
   - Weshalb ist die Frage relevant?
   - Wie sieht das Spektrum möglicher Antworten aus?
   - Warum ist die Frage so formuliert (und nicht anders)?
   - Weshalb steht die Frage an dieser Stelle (Reihenfolge)?
3. Der Leitfaden wurde im Rahmen eines Test-Interviews angewendet

Da die Beantwortung der Fragen einen Interviewpartner voraussetzt, der praktische Erfahrung mit RPA-Systemen hat und dem Verfasser keine solche Person im näheren Umfeld bekannt ist, entschied er sich für ein reduziertes Test-Interview. Anstelle eines realen Interviews mit Antworten wurden einem Testkandidaten nur diejenigen Fragen gestellt, die dazu geeignet sind, den Einstieg und den Ablauf zu proben und die Verständlichkeit der Fragen zu verifizieren.

Die Interview-Leitfäden sind im Anhang ersichtlich (siehe 6.4.1). Das nachfolgende Unterkapitel konzentriert sich auf die Aspekte der Interview-Durchführung.

3.4.5 Interview-Durchführung

Alle Interviewpartner wurden bei der Kontaktaufnahme über die Aufzeichnung des Interviews informiert. Zu Beginn des Interviews wurde nochmals die ausdrückliche Einwilligung dazu eingeholt (vgl. 3.4.3). Die Audioaufzeichnung ist zentral, damit sich der Interviewer auf das Gespräch fokussieren kann und keine

Informationen verloren gehen. Die Aufzeichnung wurde anschliessend transkribiert und diente als Grundlage für die Datenauswertung.

Der Verlauf und das Gesprächsklima eines Interviews sind – um nur ein paar Beispiele zu erwähnen – geprägt von der Vorbereitung, den Gesprächspartnern, der Umgebung sowie der Art und Weise, wie das Interview geführt wird. Die Führung von Interviews kann wahrscheinlich nur beschränkt erlernt werden. Aus Sicht des Verfassers können Empfehlungen aus Ratgebern dennoch Inputs geben, die im Verlaufe der Befragung hilfreich sind und umgesetzt werden können. Die nachfolgende Auflistung gibt eine Übersicht über die Empfehlungen, mit denen sich der Verfasser auseinandergesetzt hatte (Gläser & Laudel, 2010, S. 172-177):

- Der Interviewer muss sich bewusst sein, was er herausfinden möchte.
- Der Interviewer hat sich in der Thematik eingearbeitet und zeigt dem Interviewpartner seine Kompetenz.
- Der Interviewer spricht Alltagssprache beziehungsweise passt sich dem Interviewpartner an.
- Der Interviewer zeigt Interesse an den Informationen.
- Der Interviewer konzentriert sich auf das «aktive Zuhören», was beinhaltet, dass sich der Interviewer auf die Ausführungen des Interviewpartners fokussiert und ihm zeigt, dass er seine Ausführungen verstanden hat (indem er den Inhalt gegebenenfalls wiedergibt).
- Der Interviewer lässt den Interviewpartner aussprechen und toleriert auch Pausen, damit er Zeit hat, sich seine Antworten zu überlegen.
- Bei unverständlichen Begriffen oder ungenauen Informationen kurz und eindeutig nachfragen (nachdem der Interviewpartner ausgesprochen hat).

In Interviews kann die Situation auftreten, dass der Befragte unter anderem eine Antwort verweigert oder eine 'Weiss-nicht'-Antwort abgibt. Dies sind Beispiele von möglichen Antwortverzerrungen und stellen meist unerwartete Situationen dar, wobei es sich im Rahmen einer sorgfältigen Interview-Vorbereitung lohnt, sich damit vorgängig zu beschäftigen. Gläser und Laudel (2010) geben dazu Empfehlungen ab, die der nachfolgenden Tabelle entnommen werden können:

Anwortverzerrung	Empfehlung
Interviewpartner versteht Frage nicht	Interviewer muss deutlich machen, dass er am Verständnis-problem Schuld trägt und erläutert die Frage nochmals auf möglichst eindeutige Weise
Interviewpartner versteht die Frage falsch	Sofern es der zeitliche Rahmen zulässt, sollte der Interview-partner nicht unterbrochen und die Frage später nochmals klarer gestellt werden (ohne auf das Missverständnis einzugehen). Sofern die Zeit drängt, sollte die Unterbrechung klar verdeut-lichen, dass der Interviewer die Schuld am Missverständnis trägt, beispielsweise «Entschuldigen Sie, ich habe mich ungeschickt ausgedrückt, ich meinte ...» (Gläser & Laudel, 2010, S. 185).
Interviewpartner hat Mühe, sich an die Situation zu erinnern	Dem Interviewpartner Zeit geben, sich an die damit verknüpfte Geschichte zu erinnern. Das Stellen von vielen Detailfragen ist kontraproduktiv, da man damit nur Aspekte erhält, die in der Frage formuliert sind.
Interviewpartner antwortet «Das haben Sie doch schon mal gefragt»	Dem Interviewpartner klar erläutern, weshalb der Sachverhalt wiederholt erfragt wird, beispielsweise um der Komplexität des Sachverhaltes gerecht zu werden und/oder sicherzustellen, dass der Interviewpartner richtig verstanden wurde.
Interviewpartner verweigert die Antwort	Den Druck keinesfalls erhöhen, um eine Antwort zu erhalten. Je nach Situation versuchen, darauf einzugehen, wieso die Antwort kritisch ist. Falls man nicht weiterkommt, sollte dem Interview-partner vermittelt werden, dass die Antwortverweigerung kein Problem darstellt und mit den weiteren Fragen fortgesetzt werden kann.

Tabelle 11: Empfehlungen auf Antwortverzerrungen
Quelle: in Anlehnung an Gläser & Laudel (2010, S. 184-186)

Im folgenden Unterkapitel wird im Sinne eines kurzen Berichts erläutert, wie die Interviews verlaufen sind und was sich in Bezug auf die Interview-Vorbereitung bewährt hat.

3.4.6 Interviewbericht

Mit der Auswahl von sehr erfahrenen Interviewpartnern zu einem stark nachgefragten Thema war eine grosse zeitliche Flexibilität bezüglich der Terminfindung gefordert. Die meisten Termine wurden mehrmals kurzfristig verschoben, konnten aber jeweils bei der Durchführung in einem sehr angenehmen und fokussierten Gesprächsklima stattfinden. Nur ein geplantes Interview konnte letztendlich nicht stattfinden, da sich abzeichnete, dass sich der Interviewpartner die Zeit doch nicht nehmen kann.

Die Interviewleitfäden bewährten sich nicht nur als Stütze während der Gespräche, sondern erwiesen sich auch als sehr gutes Vorbereitungsinstrument. Dank der Leitfäden und der Durchführung eines Pretests waren die Struktur mit den Leit- und Detailfragen im Hinterkopf präsent. Der Verfasser konnte sich voll und ganz auf die Interviewpartner konzentrieren und auf den Gesprächsverlauf eingehen. Mithilfe der umfangreichen Literaturrecherche hatte sich der Verfasser das notwendige Wissen angeeignet, um den Ausführungen der Interviewpartner stets folgen zu können und aktiv zuzuhören – das heisst, den Interviewpartnern durch eine kurze Wiedergabe des Inhalts zu zeigen, dass man seine Ausführungen verstanden hat. Dies wirkte sich positiv auf das Gesprächsklima aus und führte oftmals dazu, dass der Interviewpartner seine Ausführungen im Anschluss noch um weitere Informationen ergänzte. Das bewusste Zulassen von Pausen respektive eine Pause des Interviewpartners nicht unmittelbar mit einer weiteren Frage zu füllen, führte ebenfalls dazu, dass noch weitere zum Teil sehr wesentliche Ergänzungen folgten.

Ein Interview musste aus örtlichen Gründen kurzfristig über das Telefon geführt werden. Durch das Wegfallen der physischen Präsenz, der Gestik und Mimik, war es im Vergleich zu den anderen Interviews deutlich anspruchsvoller, auf den Interviewpartner einzugehen. So verlief vor allem der Beginn des Gespräches stark nach einem Frage-Antwort-Muster. Im Verlaufe des Interviews wurde der Redefluss jedoch natürlicher und die Ausführungen länger und informationsreicher. Ein anderes Interview musste aus zeitlichen und örtlichen Gründen schriftlich durchgeführt werden. Die Antworten waren zwar im Vergleich zu den mündlichen Interviews sehr strukturiert und verdichtet, doch konnten durch die fehlende Möglichkeit, Rückfragen zu stellen und durch das Fehlen von längeren Ausführungen insgesamt weniger Aspekte ausgelotet werden.

Bei einem Unternehmen, bei dem mit zwei Gesprächspartnern ein Termin vorgesehen war, wurde das Interview zusammengelegt. Die beiden Interviewpartner waren in etwa statusgleich, ein *Head of RPA* sowie ein Abteilungsleiter der IT, und beide waren massgeblich für den Erfolg der Einführung von RPA verantwortlich. Während des Interviews entstand eine positive Gesprächsdynamik. Die Aussagen eines Interviewpartners wurden zu Erzählanregungen für den anderen und umgekehrt. Es entstanden Diskussionen zwischen den Interviewpartnern, im Rahmen deren viele interessante Aspekte zum Vorschein kamen.

3.5 Datenauswertung

3.5.1 Transkription

Wie unter 3.4.5 bereits angemerkt, wurden die Interviews aufgezeichnet und die Audioaufnahmen im Nachgang niedergeschrieben. Die Transkription soll eine gute Erinnerungsstütze für die Interviews sein respektive deren Rekonstruktion ermöglichen und damit die Flüchtigkeit der Interviews überwinden. Die Transkripte dienen als Grundlage für die qualitative Inhaltsanalyse (Dresing & Pehl, 2018, S. 16-19).

In Bezug auf die Kernforschungsfrage dieser Thesis liegt die Priorität der Transkription auf dem semantischen Inhalt. Auf Angaben zu para- und nonverbalen Ereignissen wird zwecks guter Lesbarkeit und zur leichteren Erlernbarkeit der Transkription verzichtet. Der Verfasser hat sich daher aus forschungspragmatischen Gründen für die Anwendung eines inhaltlich-semantischen Transkripts entschieden. Weiter hat er sich dafür entschieden, die Transkription der Audioaufnahmen selber durchzuführen, um ein möglichst tiefes Verständnis über die Aussagen zu erhalten und damit eine optimale Ausgangslage für die nachfolgende qualitative Inhaltsanalyse zu haben.

Der Verfasser hat die Transkripte mit dem Transkriptionsprogramm *f4transkript* erstellt und sich an dem Regelsystem von Dresing und Pehl (2018) zur inhaltlich-semantischen Transkription orientiert. Das Regelsystem kann dem Anhang 6.4.4 entnommen werden. Da alle Transkripte durch den Verfasser und damit durch dieselbe Person erstellt wurden, kamen hinsichtlich einer einheitlichen Schreibweise keine zusätzlichen Regeln zur Anwendung, wie es im Falle von mehreren Transkribierenden empfehlenswert wäre. Dank der Verwendung eines Transkriptionsprogramms enthalten die Transkripte Zeitmarken, welche die Position in der Audiospur vermerken und den Vorteil mitbringen, dass die entsprechenden Aussagen während des Analyseprozesses bei Bedarf sehr einfach herangezogen werden konnten (Dresing & Pehl, 2018, S. 20-33).

Um die Qualität zu erhöhen, hat der Verfasser die Transkripte ein paar Tage nach deren Erstellung durchgelesen und gleichzeitig die Audioaufnahme der Interviews angehört. So konnten noch einige Differenzen zur Originalaussage behoben werden.

3.5.2 Qualitative Inhaltsanalyse

Für die Auswertung der Transkripte hat sich der Verfasser in Absprache mit dem Betreuer dieser Thesis für die qualitative Inhaltsanalyse entschieden. Diese ist im deutschsprachigen Raum sehr bekannt, sie verdichtet und strukturiert den zu analysierenden Inhalt, um ihn anschliessend zusammenzufassen und auf Besonderheiten und Zusammenhänge zu untersuchen. Die qualitative Inhaltsanalyse ist ein Verfahren, das Datenmaterial (im vorliegenden Fall die Transkripte) systematisch und zusammenfassend beschreibt, indem Kategorien basierend auf den für die Kernforschungsfrage relevanten Aspekte gebildet und den relevanten Passagen des Datenmaterials zugeordnet werden. Die bedeutungsvollen Textstellen werden also identifiziert und durch die Zuordnung zu den Kategorien strukturiert gesammelt. Bei der Zuordnung, auch Codierung genannt, gilt es zu beachten, dass nicht nur Textstellen für vorgängig definierte Kategorien gesucht werden, sondern in den Transkripten offen Ausschau nach weiteren möglichen Kategorien gehalten wird, was heisst, dass während der Analyse weitere Kategorien hinzukommen. Dieses Vorgehen kommt dem Anspruch der qualitativen Forschung nach Offenheit entgegen, was heisst, dass der Forschende dem Datenmaterial gegenüber offen sein soll (Dresing & Pehl, 2018, S. 34-36).

3.5.2.1 Vorgehen

Nachfolgend wird erläutert, in welchen Schritten die qualitative Inhaltsanalyse durchgeführt wurde.

Schritt	Beschreibung
1. Durchlesen und Entdecken	Zwei Transkripte unterschiedlicher Zielgruppen werden, mit der Kern-forschungsfrage und den Erkenntnissen aus der Theorie im Hinter-kopf, durchgelesen. Auffälligkeiten und wichtige Fakten werden markiert.
2. Kategorien bilden	Basierend auf den Interviewleitfragen (die wiederum auf der dimen-sionalen Analyse der Kernforschungsfrage basieren, vgl. 3.4.2) wird das Codegerüst respektive werden die Kategorien gebildet, was als deduktive Kategorienbildung bezeichnet wird. Anschliessend werden die Kategorien um die Eindrücke des ersten Schrittes ergänzt, was als induktive Kategorienbildung bezeichnet wird.
3. Codierung	Die Transkripte werden erneut durchgelesen und die passenden Text-stellen den Kategorien zugeordnet.
4. Unterkategorien bilden	Die zugeordneten Textstellen jeder Kategorie werden auf die Bildung von Unterkategorien analysiert und entsprechend zugeordnet. Damit kommt die induktive Kategorienbildung nochmals zum Zug.

Schritt	Beschreibung
5. Überprüfung und Komplettierung	Die Transkripte werden erneut durchgelesen und die Codierungen auf die Kategorien und Unterkategorien geprüft und ergänzt.
6. Kategorienbasierte Auswertung	Alle Aussagen einer Kategorie werden durchgelesen und zusammen-gefasst. Besonderheiten, Zusammenhänge und Einzelfälle werden beschrieben. Originalzitate können die Beschreibungen ergänzen.

Tabelle 12: Vorgehen qualitative Inhaltsanalyse
Quelle: in Anlehnung an Dresing & Pehl (2018, S. 37-41)

3.5.3 Kategorienbildung

Während des 1. Schrittes, dem Durchlesen und Entdecken, wurden im Hinblick auf die Kategorienbildung folgende Stichworte zusammengetragen:

- Erwartungshaltung (insbesondere in Richtung künstliche Intelligenz)
- Unternehmensreife bezüglich Automatisierung und Digitalisierung
- Auswahl RPA-System, attended versus unattended
- Infrastruktur
- Prozesskandidaten
- Ängste der Mitarbeiter
- Skepsis der IT
- Projektorganisation
- Projektmethodik
- Voraussetzungen
- Roadmap
- Governance
- Betriebsorganisation, Center of Competence
- Monitoring
- Releases der Zielapplikationen

Im zweiten Schritt, der effektiven Bildung der Kategorien, wurden ausgehend von den Interviewleitfragen die nachfolgenden Elemente abgeleitet:

Ausgangslage

- Motivation
- Interessensgruppen

Projektdurchführung

- Projektinitialisierung
- Herausforderungen

Erfolgsfaktoren, Anwendungsfälle

- Faktoren
    - Management-Unterstützung
    - digitale Strategie
    - Mitarbeiter
- Anwendungsfälle
    - Nutzen
    - Risiken

Betrieb

Anschliessend wurden die Stichworte aus dem ersten Schritt mit den oben abgeleiteten Elementen konsolidiert und die initialen Kategorien als Resultat gebildet. Während der Durchführung der Analyse wurde, wie zu Beginn der qualitativen Inhaltsanalyse angesprochen, offen Ausschau nach weiteren möglichen Kategorien gehalten und diese wo nötig ergänzt. Der nachfolgenden Abbildung kann das Ergebnis entnommen werden. Zur besseren Nachvollziehbarkeit sind die Kategorien in drei unterschiedlichen Farben beschriftet:

- schwarze Schrift: Kategorie stammt aus den initial abgeleiteten Elementen der Interviewleitfragen
- blaue Schrift: Kategorie stammt aus den initialen Stichworten des Lesens und Entdeckens
- grüne Schrift: Kategorie kam während der Analyse hinzu

Links neben den Kategorien ist noch die Farbe der Codierung vermerkt, was bedeutet, dass die zur jeweiligen Kategorie passenden Textstellen in der entsprechenden Farbe codiert beziehungsweise unterstrichen wurden. Die vorgenommenen Codierungen können in den Transkripten im Anhang entnommen werden (vgl. 0).

Abbildung 16: Kategorien (qualitative Inhaltsanalyse)

Als Grundlage für die Codierung wurde für jede Kategorie die Definition, ein Beispiel einer für die Codierung typischen Textpassage (ein sogenanntes Ankerbeispiel) und die Codierregeln hinterlegt, wie nachfolgender Tabelle entnommen werden kann.

Kategorie	Definition	Ankerbeispiel	Codierregel
Ausgangslage /Motivation	Hauptgründe für den Einsatz oder die Spezialisierung auf RPA	«Ein Treiber ist auch das Business gewesen [...], wir haben gehört, da können wir ganz schnell Prozesse verbessern [...]»	Beschreibungen über die Gründe und über die Motivation für RPA
Projektinitialisierung	Erfahrungen in der Initialisierungsphase bezüglich der Organisation, dem Vorgehen und der Infrastruktur	«Es ist eher agil [...] in dieser Zeit arbeiten die crossfunktionalen Teams eng an den Robotern [...] es sind immer alle betei-ligt in diesem Prozess.»	Beschreibungen über die Projektorganisation, die Vorgehensmethodik und den Aufbau der Infra-struktur zu Beginn des Projektes
Prozesskandidaten	Vorgehen für die Identi-fikation und Bewertung von Prozessen zur Automatisierung mit RPA	«wir haben auch eine Prozessbibliothek [...] mit einer Person durch diese Prozesse durchgehen [...] mit einer Checkliste kann dies schnell abgearbeitet werden [...]»	Begriffe und Beschreibungen über das Vorgehen, wie Prozesse identifiziert und auf deren Tauglichkeit für eine Automatisierung mit RPA bewertet werden können
Herausforderungen	Wesentliche Herausforderungen, die im RPA-Vorhaben aufgetreten sind	«wo eine Angst aus dem Fach kommt, ich will keinen Prozess vorstellen [...] Diskrepanz zwischen dem, was das Management glaubt, dass man alles machen kann und der Realität.»	Beschreibungen über Herausforderungen, Probleme und Risiken in RPA-Vorhaben
Faktoren	Faktoren, die dazu beigetragen haben, das das RPA-Vorhaben erfolgreich war	«das frühe Involvement der IT ist ein Erfolgs-faktor. Dass diese sehr schnell in den Prozess einbezogen werden [...]»	Begriffe und Beschreibungen über Erfolgsfaktoren in RPA-Vorhaben

Kategorie	Definition	Ankerbeispiel	Codierregel
Nutzen	Wesentlicher Nutzen, der in RPA-Vorhaben erzielt wurde	«es ist immer ein Kosten-Case der dahintersteht [...] Verlagerung der Tätigkeiten hin zu solchen Feldern, die heute noch nicht aktiv bewirtschaftet werden [...] Skalierbarkeit ist immer ein Thema [...]»	Beschreibungen über den Nutzen und die Vorteile des RPA-Einsatzes
Betrieb	Erfahrungen im Betrieb von RPA-Systemen und Robotern	«viele Organisationen installieren jetzt Robotics-Verantwortliche [...] ein zentraler Kontrollraum verfügt über ein eigenes Dashboard [...]»	Beschreibungen über die Organisation des Betriebes und über Erfahrungen im Betrieb von Robotern

Tabelle 13: Kategoriensystem
Quelle: in Anlehnung an Mayring (2015, S. 110-114)

Der folgende vierte Teil dieser Thesis widmet sich nun dem empirischen Inhalt und führt entlang der Ergebnisse der Interviews.

4 Empirischer Teil

Dieser Teil der Thesis orientiert sich an den in der qualitativen Inhaltsanalyse gebildeten Kategorien, was bedeutet, dass die Ergebnisse der Interviews entlang dieser Kategorien strukturiert sind. Alle Aussagen einer Kategorie werden zusammengefasst, wobei auf Besonderheiten, Zusammenhänge und Einzelfälle hingewiesen wird. Originalzitate der Interviewpartner ergänzen respektive unterstreichen die jeweiligen Beschreibungen.

4.1 Kategorie: Ausgangslage/Motivation

Aus der Zielgruppe der Berater kam mehrfach die Aussage, dass das Kundenbedürfnis nach einem zusätzlichen Instrument in der Prozessoptimierung festgestellt worden sei. Neben den klassischen Optimierungs- respektive Kosteneinsparmöglichkeiten wie die Erweiterung von ERP-Systemen, die Einführung eines BMPS-Systems oder das Outsourcing von bestimmten Prozessen wird ein Ansatz benötigt, der schnell Resultate liefern kann. Zudem wurde geäussert, dass viele Fachbereiche mit der Liefergeschwindigkeit und der Qualität ihrer IT unzufrieden seien. Manche Bereiche wie die Supportfunktion 'Finanz & Controlling' verfügen über keine integrierten Plattformen und damit über keine *end-to-end*-Automatisierung. Diese Bereiche beginnen, selbst aktiv nach Lösungen Ausschau zu halten und werden bei Aussagen, wie mit wenig Geld und ohne die IT-Abteilung Prozesse schnell automatisiert werden können, hellhörig, was zu sog. 'Undercover-Installationen' von RPA führt (also zu Installationen ohne Beteiligung der IT-Abteilung).

Die Anwender nehmen die Beratungsunternehmen als Haupttreiber von RPA wahr. Die Berater machen RPA für die Geschäftsleitung attraktiv, indem sie von Referenzprojekten berichten und aufzeigen, welche Einsparungen möglich sind.

Die treibende Kraft von RPA ist meist in einem Geschäftsleitungsvertreter eines Fachbereiches zu finden, der das Ziel verfolgt, die fachlichen Prozesse rasch und kostengünstig zu optimieren. Meist wurde schnell festgestellt, dass RPA nicht ohne IT-Abteilung eingeführt werden kann und dass Themen wie *Governance* und IT-Security einen hohen Stellenwert im Projekt haben müssen.

RPA selbst wird nicht als Strategie wahrgenommen, sondern im Kontext von Digitalisierungsstrategien respektive bei deren Operationalisierung genannt, was die nachfolgende Aussage verdeutlicht:

«Unsere digitale Automatisierungsstrategie setzt sich wie folgt zusammen: 90% Verbesserung mittels Optimierungen in der Kernplattform, 7% mittels RPA und AI sowie 3% physiologisch manuell» (A3, RPA Project Manager, 2019)

RPA wird auch mit der Motivation eingesetzt, ein System für taktische Lösungen zu haben. So hat eine grosse Privatbank RPA als taktische Lösung positioniert, weil ein neues Kernbankensystem eingeführt werden sollte. Als Folge wurden die abzulösenden Systeme kaum mehr weiterentwickelt. Mittels RPA kann den Fachabteilungen, die mit wachsenden Volumina sowie Kostendruck kämpfen, weiterhin geholfen werden, bis das neue Kernbankensystem effektiv eingeführt ist.

4.2 Kategorie: Projektinitialisierung

4.2.1 Projektsetup

Es haben sich zwei Arten von Projekten herauskristallisiert: Einerseits Projekte, die von einem Fachbereich aufgrund eines konkreten Problems initiiert wurden, sog. *bottom-up*-getriebene Projekte, und andererseits Projekte, die aufgrund einer strategischen Zielsetzung wie Kosteneinsparung und/oder Erhöhung der Servicequalität ins Leben gerufen wurden, sog. *top-down*-getriebene Projekte. Gemeinsam war allen erwähnten Projekten, dass der Projektsponsor unabhängig von der Art des Projektes aus der Geschäftsleitung sein sollte, da man ansonsten immer wieder ansteht und das Risiko gross ist, dass das Projekt versandet (vgl. 4.5.2).

Ein minimales Projektteam besteht aus einem RPA-Entwickler, der Konfigurationskenntnisse im entsprechenden RPA-System hat, einem Businessanalysten, der den zu automatisierenden Prozess im Detail kennt und einem *Head of RPA* respektive jemandem, der in der Organisation für RPA verantwortlich ist und das Projekt leitet. Die Planungsaufwände sind in diesem Setup eher gering und die agile Vorgehensmethodik empfehlenswert (das nachfolgende Unterkapitel 4.2.2 vertieft diesen Aspekt).

Das Projektteam wird häufig durch externe Spezialisten unterstützt – insbesondere, wenn es sich um das erste RPA-Projekt des Unternehmens handelt oder das Know-how aus verschiedenen Gründen (noch) nicht internalisiert wurde. Bei grösseren Projekten stellen die Beratungsunternehmen den Projektleiter und den Business-Analysten, welche die Branche sehr gut kennen, und einen RPA-Entwickler zur Verfügung. Letztere sind oftmals zu 100% aus externen Spezialisten besetzt, da erfahrene RPA-Entwickler aufgrund des relativ neuen Themas noch Mangelware sind. Wichtig in diesem Kontext ist eine zentrale interne Ansprechperson seitens des Fachs oder der IT-Abteilung, die intern notwendige Kontakte herstellen kann und für die Infrastruktur besorgt ist (vgl. 4.2.3). Ferner hat sich bewährt, dass die externen Mitarbeiter von Beginn an vor Ort und mit der Infrastruktur des Kunden arbeiten. Die Laufwege sollten so kurz wie möglich sein. Im Idealfall sitzen alle Projektmitglieder im selben Raum.

Was mehrfach zum Ausdruck kam, ist der Umstand, dass die IT-Abteilung im Projektsetup so früh wie möglich berücksichtigt werden sollte (vgl. auch 4.4.2.). Die Installation und Verteilung der Roboter müssen über die IT-Abteilung erfolgen. Ein späte Beteiligung der IT-Abteilung kann sich in einem Widerstand oder gar in einer Blockierung der Inbetriebnahme äussern. Sofern die Konfiguration der Roboter im Laufe der Zeit internalisiert werden soll, ist die IT-Abteilung meist ebenfalls gefordert. Die Angabe der Hersteller, dass die Konfiguration eines Roboters einfach sei und von einem Vertreter der Fachabteilung erlernt werden könne, trifft meist nur auf sehr einfache Prozesse zu, was die nachfolgende Aussage verdeutlicht:

«*Ein Roboter-Programmierer, tut mir leid, das ist ein Programmierer und kein Business-Vertreter. Definitiv. Ein Business-Vertreter kann nicht einfach beginnen, While-Schlaufen einzubauen. Da kommt man nicht weit.*» (A1, Head of RPA Global Competence Center, 2019)

Der Hersteller ist in den Implementierungsprojekten selbst nicht aktiv involviert, sondern über Partnerfirmen, die meist bekannte internationale und nationale Beratungsunternehmen sind, vertreten.

4.2.2 Projektvorgehen

Alle Interviewpartner äusserten einstimmig, dass es vorteilhaft sei, möglichst schnell mit einem *Proof of Concept* oder einem Pilotprojekt zu beginnen. So kann das Projektteam mit dem RPA-System konkrete Erfahrungen sammeln, wirklich verstehen, wie RPA funktioniert und diese neuen Kenntnisse und Resultate präsentieren. Dabei wird ein Pilotprojekt einem *Proof of Concept* bevorzugt, da letzteres meist nur die prinzipielle Durchführbarkeit auf einem *Standalone*-Gerätes eines externen Mitarbeiters aufzeigt, während RPA im Pilotprojekt auf der Umgebung des Unternehmens angewendet wird und die Aussagekraft der Resultate höher ist.

Neben der Auswahl eines RPA-Systems und eines geeigneten Prozesskandidaten (vgl. 4.3) startet das Projekt mit einem Workshop aus Fachvertretern, die den zu automatisierenden Prozess sehr gut kennen, mit dem *Head of RPA* und mindestens einem RPA-Entwickler, der aufgrund seiner Erfahrung die Machbarkeit und den Aufwand umgehend abschätzen kann. Die Zeitspanne des Pilotprojektes ist meist kurz und liegt bei zwei bis vier Wochen. Diesem Umstand geschuldet, ist die Vorgehensmethodik auch eher agil. Das Projektteam arbeitet gemeinsam an den verschiedenen Anforderungen des *Backlogs* und sitzt nach Möglichkeit auch in einem gemeinsamen Projektbüro, wie es die folgende Aussage begründet:

«*Ich höre auch die Telefongespräche, welche die RPA-Entwickler führen. Ich kenne die Leute dahinter, und kann sagen: dies musst du so und so machen und mit dem besprechen. Das vereinfacht einfach vieles und gibt mir ein besseres Gefühl, was effektiv läuft. Man ist im Maschinenraum und merkt, wie es rumpelt.*» (A1, Head of RPA Global Competence Center, 2019)

Auch wenn einige Ansätze der agilen Vorgehensmethodik wie kurze Zyklen und eine enge Kommunikation zwischen RPA-Entwicklern und Fachvertretern angewendet werden, so zeigte sich, dass nur innerhalb der Konfigurationsphase nach agiler Methodik gearbeitet wird. Die einzelnen Projektphasen sind analog zum Wasserfallmodell meist klar erkennbar. So erfolgt zuerst eine detaillierte Analyse des zu automatisierenden Prozesses und anschliessend wird die Lösung innerhalb eines *Solution Designs* detailliert spezifiziert. Erst nach abgenommener Spezifikation beginnt die agile Konfiguration, in der mittels *Backlog* und kurzen *Sprints* die Roboter inkrementell erarbeitet werden. Hierbei gilt es, in Erinnerung zu rufen, dass diese Phasen aufgrund der kurzen Projektdauer innerhalb von wenigen Wochen oder gar Tagen durchlaufen werden, was oftmals ein Umdenken im Unternehmen bedingt, da (IT-)Projekte üblicherweise über Monate andauern. Beide Ansätze haben ihre Berechtigung und werden nebeneinander verwendet, was die nachfolgende Aussage verdeutlicht:

«*RPA ist schnell, dynamisch und flexibel. Und so haben wir auch versucht, das Projekt zu machen. Auf der anderen Seite hat man eine Organisation, welche eigentlich wie ein Öltanker unterwegs ist. Dies passt nicht so. Das hat recht Bewegung benötigt. Wir nennen dies «IT of two speeds». Dass man halt im Kernbankensystem und da, wo die wichtigen Interfaces sind, halt wirklich sauber unterwegs ist und auf alles Rücksicht nimmt. Und nebendran gibt es dann die Schnellboote, und die darf es auch geben, und so eines haben wir uns geschnappt.*» (A2, IT-Abteilungsleiter, 2019)

4.2.3 Infrastruktur

In Bezug auf die Infrastruktur zeichnen sich zu Beginn eines Projektes die zwei folgenden Haupttätigkeiten ab. Eine Evaluation des RPA-Systems, in der ein Anbieter passend zu den Kundenbedürfnissen ausgewählt wird, wobei bei den Interviewpartnern ausschliesslich die drei Marktführer *UiPath*, *BluePrism* und *Automation Anywhere* im Einsatz sind. In diesem Zusammenhang wurde zudem der Unterschied zwischen *unattended* und *attended* Robotern häufig erwähnt (vgl. RPA versus RDA, 2.3.1). Als zweite Haupttätigkeit wurde der Aufbau und die Vorbereitung der Infrastruktur genannt, die zu Beginn eines Projekts oft unterschätzt wird. Das RPA-System muss in die bestehende Infrastruktur integriert werden, was beispielsweise bedeuten kann, dass die Zugriffe auf die Zielapplikationen organisiert und sicher verwahrt werden müssen und das Monitoring vorbereitet werden sollte.

4.3 Kategorie: Prozesskandidaten

Übereinstimmend wurde von allen geäussert, dass der Umfang des ersten mit RPA zu automatisierenden Prozesses klein und übersichtlich sein sollte. Dies könnte beispielsweise ein branchenunabhängiger Prozess in der Personalabteilung wie die Anmeldung eines neuen Mitarbeiters bei der AHV-Kasse sein. Bei der Auswahl gilt es, sich frühzeitig Gedanken zum Nutzen und dessen Messbarkeit zu machen, damit der Business Case aufgebaut und der Erfolg ausgewiesen werden kann. Meistens steht eine Effizienzsteigerung im Vordergrund. So wurden im Interview Faustregeln für die grobe Prozessauswahl geäussert, beispielsweise dass der Prozess mindestens eine Stunde repetitive Tätigkeit pro Woche umfasst oder der *Return on Investment* nicht grösser als 1.5 Jahre sein sollte.

Die von Beratungsunternehmen empfohlene Vorgehensweise bei der Prozessauswahl unterscheiden sich zum Teil sehr deutlich voneinander. Auf der einen Seite wird das systematische Durchleuchten der Prozesslandschaft und das anschliessende Bewerten von Kandidaten nach vordefinierten und gewichteten Kriterien empfohlen. Auf der anderen Seite wird bewusst hervorgehoben, dass vorgängig keine umfassende Prozessanalyse verkauft und stattdessen zügig ein erster Kandidat basierend auf Erfahrung und mithilfe von Checklisten vorgeschlagen wird. Bei letzterem kommen zum Teil sog. Prozessbibliotheken zum Einsatz, in denen die Erfahrung aus den bereits begleiteten RPA-Projekten und aus der Prozessberatung einfliessen.

Nach der initialen Prozessauswahl und der Realisierung des Pilotprojektes wird von allen Interviewpartnern der Aufbau einer Prozess-Governance mit einem RPA-Board empfohlen, die die Kandidaten fortlaufend prüft und über deren Automatisierung entscheidet (vgl. 4.5.4). Der Umfang und die Zusammensetzung des RPA-Boards sind dabei verschieden. Neben dem Sponsor wird eine Vertretung der IT- und der Risk-Abteilung empfohlen. Bevor die Kandidaten detailliert geprüft und bewertet werden, wird die Anwendung einiger Grundchecks empfohlen, wie die nachfolgende Aussage zeigt:

«Wenn wir sehen, dass die Daten entweder nicht strukturiert vorliegen oder irgendwas sehr volatil ist in diesem Prozess, was immer auch nach Gefühl entschieden wird, dann sortieren wir diese Kandidaten aus. [...]. Was wir auch oft erleben, ist, dass nicht bekannt ist, welche Fähigkeiten die Zielapplikation eigentlich haben. Das heisst, man muss eigentlich immer erst prüfen, wie integrationsfähig sind die, hat man da alle Möglichkeiten ausgeschöpft, muss es wirklich ein Roboter sein. Also Roboter bieten wir nur dann an, wenn wirklich sonst nichts in Frage kommt. Weil unser Ziel ist immer, eine vernünftige Integration über die schon vorhandene Applikationslandschaft zu erreichen.» (B2, Associate Partner, 2019)

In einem anderen Kontext kommen Roboter jedoch explizit dort zum Einsatz, wo die Automatisierung in der Zielapplikation selbst geplant ist. Gemäss der folgenden Aussage kommt RPA aus zeitlichen Gründen nur vorübergehend zum Einsatz:

«RPA ist der Schlüssel für taktische (vorübergehende) Lösungen für sehr spezifische Prozesse, bevor die Lösung in der Zielapplikation implementiert werden kann ...» (A3, RPA Project Manager, 2019)

Grundsätzlich sind die guten Kandidaten nicht in den transaktionalen Prozessen, die meist bereits hochgradig automatisiert sind, zu finden, sondern in vor- oder nachgelagerten Prozessen. Letztere weisen oft aufwendige, manuelle Schritte auf, beispielsweise das Auslesen von strukturierten Daten und deren Eingabe in ein Zielsystem. Hierzu wurde im Interview als Beispiel das Schadenmanagement einer Versicherung genannt, das täglich zahlreiche Schadensmeldungen über verschiedene Kanäle wie über das Onlineportal und über Formulare erhält. Ein weiterer interessanter Anwendungsfall, der genannt wurde, ist in Migrationsprojekten zu finden. Der Roboter ist dort für die Datenübernahme vom Altsystem in ein neues System zuständig. Damit kommt er zwar nur einmal produktiv zum Einsatz, kann jedoch im Vergleich zu klassischen Migrationsskripten kostengünstiger sein. Die Einsatzmöglichkeiten von Robotern sind vielfältig und so regt ein Unternehmen im Rahmen eines *Design Thinking Approaches* ihre Mitarbeiter dazu an, sich wiederholende und langweilige Prozesse bewusst zu machen und diese zu melden.

4.4 Kategorie: Herausforderungen

In einem RPA-Projekt treten herkömmliche Herausforderungen wie Ressourcen-Engpässe, Abhängigkeiten von Schlüsselpersonen im Unternehmen oder kulturelle Differenzen im Kontext von internationalen Vorhaben auf. Im Folgenden werden jene Herausforderungen beleuchtet, die für RPA typisch sind oder in RPA-Projekten vermehrt auftreten.

4.4.1 Mitarbeiter-Ängste

In der Literatur wird häufig ein Widerstand von vermeintlich betroffenen Mitarbeitern diskutiert, die ihre Stelle durch die in verschiedenen Studien prognostizierten Einsparungen gefährdet sehen. Die diesbezüglichen Aussagen der Interviewpartner unterscheiden sich voneinander sehr deutlich. Auf der einen Seite wurde grosser Widerstand von Mitarbeitern erlebt, die um ihre Stelle fürchteten. Es wurde von Fachbereichen berichtet, die keine Prozesskandidaten vorstellen wollten, weil sie unsicher darüber waren, was für persönliche Folgen eine Automatisierung hätte. Auf der anderen Seite berichteten andere Unternehmen und Beratungsinstitute, die seit mehreren Jahren RPA-Projekte begleiten, dass sie mit dieser Herausforderung bisher nicht konfrontiert wurden – im Gegenteil, dass die Mitarbeiter froh gewesen seien, dass sie diese Prozesse oder Tätigkeiten endlich nicht mehr machen mussten, was die folgende Aussage verdeutlicht:

«*Es sind Nebenkriegsschauplätze, wo alle froh sind, wenn der «Mist» weg wäre, es nicht mehr gemacht werden muss. Es haben alle genug anders zu tun.*» (A1, Head of RPA Global Competence Center, 2019)

Übereinstimmend wurde jedoch erwähnt, dass die Thematik nicht unterschätzt werden darf und dass bei der Einführung von RPA als erstes die betroffenen Mitarbeiter mit ins Boot geholt werden müssen (vgl. 4.5.3).

4.4.2 Skepsis der IT-Abteilung

Die Skepsis der IT-Abteilung wurde in den Interviews oft erwähnt. So wurde die hohe Umsetzungsgeschwindigkeit mit RPA im Vergleich zu den klassischen Automatisierungen von der IT-Abteilung zwar zur Kenntnis genommen, die Roboter wurden jedoch nur als 'Pflaster' betrachtet und nicht als ernstzunehmende Alternative. Vertreter der IT befürchteten zudem, dass die Roboter wuchern könnten und sich unkontrolliert ausbreiten. Als Folge könnte die Gesamtsicht über die Architektur oder gar die Kontrolle über die Systeme verloren gehen. Weiter wurde erlebt, dass der Einsatz von RPA konträr zu bereits laufenden Vorhaben der IT wahrgenommen wurde. IT-Abteilungen, die Schnittstellen-Strategien (sog. API-Strategien) verfolgen, dafür Budget haben und daran arbeiten, befürchten, dass RPA ihre Ziele zunichtemachen. Als Folge berichteten die Interviewpartner von Widerstand aus der IT-Abteilung, dass IT-Boards RPA-Projekte blockierten und es über mehrere Wochen hinweg zu Eskalationen kam. Bereits konfigurierte Roboter wurden aus Sicherheitsgründen nicht freigegeben oder das RPA-Projekt erhielt in der Infrastrukturbereitstellung nur sehr tiefe Priorität.

Abteilungen wie IT-Security und IT-Architektur sind auf die bisher bekannten, klassischen Automatisierungsmöglichkeiten, die meist auch unter der Führung der IT sind, ausgerichtet. Die Organisation war in vielen Fällen für das Thema RPA nicht vorbereitet und so musste von den RPA-Verantwortlichen zuerst 'Missionsarbeit' geleistet werden. Es erfordert Überzeugungsarbeit, damit die *IT-Policies* aufgrund neuer Technologien wie RPA überdacht und Lösungen gefunden werden können. Eine meist unerwartete Herausforderung ist zudem, dass Bereiche wie die IT-Infrastruktur oftmals selbst bereits sehr strukturiert und zu einem hohen Grad automatisiert sind, weshalb Spezialwünsche wie RPA zu viel Diskussionen und Aufwand führen.

Gemäss den Interviews stiessen die RPA-Entwickler meist auf wenig Freude, wenn sie die IT-Verantwortlichen der Zielapplikation initial kontaktierten, da RPA für diese neu und mit vielen Unbekanntheiten verbunden sei. Nachdem die IT-Verantwortlichen aber begriffen hätten, was RPA ist und wie es funktioniert, dass ihre Applikationen nicht direkt betroffen sind und sie Inputs bezüglich besseren Varianten geben können, sei die Zusammenarbeit gut verlaufen. Dazu passend kann folgende Aussage zitiert werden:

«Es benötigt immer viel Überzeugungsarbeit. Dass man immer aufzeigen kann, dass man es im Griff hat. Dass das Betriebsmodell von RPA so ausgestaltet ist, dass es sicher ist. Und nicht, dass dies der nächste grosse Betrugsfall ist. Dies benötigt sehr viel Zeit. RPA ist gehypt, aber es ist nicht gratis. Man muss nicht nur Geld, sondern vor allem Zeit in die Hand nehmen. Die Organisation muss sich damit auseinandersetzen, die Organisation muss verstehen, was es ist und was es nicht ist. Die Organisation muss auch verstehen, dass die Roboter dumm und nicht intelligent sind.» (B3, Associate Partner, 2019)

Ein Verständnis von RPA – dass Roboter beispielsweise nicht 'intelligent' sind – führt zur nächsten Herausforderung, der Erwartungshaltung.

4.4.3 Erwartungshaltung

In den ersten Gesprächen mit potenziellen Kunden treffen die Beratungsunternehmen oft auf sehr unrealistisch hohe oder zu tiefe Erwartungen. Letzteres ist oft dann der Fall, wenn der Kontakt vom Beratungsunternehmen aus geht und das kontaktierte Unternehmen annimmt, dass RPA aufgrund ihrer umfangreichen Applikationslandschaft und den bereits realisierten Automatisierungs-vorhaben kein Potenzial hat. In solchen Fällen zeigen Beratungsunternehmen auf, dass es neben hochvolumigen Transaktionen meist auch andere Prozesse und Aufgaben gibt, die einen hohen manuellen Aufwand verursachen. Anderenfalls gäbe es da nicht nach wie vor noch viel Personal, das Daten eingeben müsste. Unrealistisch hohe Anforderungen sind dagegen meist bei Unternehmen anzutreffen, die von RPA gehört haben und es einführen möchten. Diskrepanzen gibt es vor allem zwischen dem, was das Management eines Unternehmens glaubt, was alles mit RPA möglich ist und der Realität – in der Realität ist es meist viel weniger. So gibt es die Erwartungshaltung, dass Hunderte von Robotern schnell und einfach eingeführt und damit Einsparungen in dreistelliger Millionenzahl erzielt werden können. Ferner wird die Intelligenz der Roboter oftmals überschätzt, beispielsweise mit der Annahme, dass ein Roboter verschiedene zum Teil unstrukturierte Datenquellen verarbeiten kann und lernfähig ist. Verstärkt werden solche Erwartungen durch oberflächliche Berichte, die RPA und künstliche Intelligenz miteinander vermischen. Zurzeit ist ein RPA-Roboter weder intelligent noch kann er unstrukturierte Daten auslesen.

Für den Erfolg eines RPA-Projektes ist es zentral, dass die Erwartungen an die Resultate realistisch sind. Aus diesem Grund zeigen Beratungsunternehmen bereits in den ersten Kontakten auf, was mit RPA möglich ist und weisen darauf hin, dass es Anforderungen an die Datenqualität gibt und nur regelbasierte Prozesse automatisiert werden können. Dazu folgendes Zitat:

«Etwas vom ersten, was wir tun, wenn wir uns vorstellen, ist, aufzuzeigen, was wir überhaupt mit RPA leisten können, wo die Technologie heute steht, was möglich ist und was nicht möglich ist. Vor allem bezüglich künstlicher Intelligenz, dass man dort bereits versucht, die Erwartungshaltung abzuholen und auch richtig einzuordnen.» (B1, RPA-Consultant, 2019)

4.5 Kategorie: Faktoren

Quellen für Erfolgsfaktoren können nach Meinung des Verfassers in allen Projektphasen identifiziert werden, wie den vorgängigen Kapiteln entnommen werden kann. Das folgende Kapitel widmet sich nun den Antworten auf diejenigen Fragen, die explizit auf Faktoren und Umstände abzielen, die ein Projekt erfolgreich machen. Dabei wurden auch Faktoren genannt, die wahrscheinlich für jede Projektart zutreffen, beispielsweise:

- Die Auswahl eines Implementationspartners, der solide Erfahrung mit der betreffenden Technologie mitbringt.
- Die Finanzierung ist ausreichend und sichergestellt. Von Vorteil wird vor allem zu Beginn eines RPA-Vorhabens ein zentrales Budget gesprochen. Wenn die Fachabteilungen die ersten Projekte selbst finanzieren müssen, könnte es schwieriger werden, da die Funktionsweise und der Nutzen von RPA zu Beginn meist noch unklar sind und niemand der sogenannte First Mover sein möchte.
- Die Allokation von Vollzeitressourcen (Projektteam)
- Die Komplexität der Technologie sollte nicht unterschätzt werden.

Im Folgenden werden Erfolgsfaktoren beleuchtet, die nach Eindruck des Verfassers spezifisch für RPA-Projekte sind oder in den Interviews besonders deutlich erwähnt wurden.

4.5.1 Roadmap/Strategie

RPA wurde von den Interviewten nicht als Wegbereiter der digitalen Transformation angesehen. Die meisten Unternehmen haben bereits eine Digitalisierungsstrategie, die aber allenfalls nicht so umfassend und nur auf die Schnittstelle zum Kunden fokussiert ist. Der Begriff Digitalisierungsstrategie wird zum Teil auch als 'ausgenutzt' betrachtet. Dennoch ist Digitalisierung sozusagen bereits in der *DNA* der Unternehmen verankert. Viele Unternehmen haben langjährige Projekte am Laufen, in denen sie RPA als Thema integrieren. Es ist also ein Baustein in der digitalen Transformation, den es zielgerichtet einzusetzen gilt. Genauso kann BPM ein weiterer Baustein sein, wie die folgende Aussage verdeutlicht:

«In meinen Augen ist das sozusagen ein Gesamtkonzept: Was brauche ich, um ein Unternehmen von der, sagen wir, analogen Welt, in die digitale Welt zu bekommen? Deswegen ist die Erfahrung bei uns eher, wo das Unternehmen sich schon befindet im Rahmen des digitalen Wandels, und zu sagen, wo klemmt es noch. Wie sieht die

digital journey aus? Wie sehen die nächsten fünf Jahre aus? Was für Komponenten brauche ich?» (H1, Director Partnerships, 2019)

Ein wichtiger Erfolgsfaktor ist, dass man sich am Anfang Gedanken darüber macht, wo man mit dem Thema RPA hin möchte. Soll das Thema über die Organisation ausgebreitet werden? Wenn ja: Wie, in welchen Etappen und mit welchen Verantwortlichkeiten? Man kann keine grosse Skalierung erwarten, wenn nur 2–3 Roboter eingesetzt werden. Dennoch sollte man sicherlich klein anfangen, aber dabei eine Vision haben, wo es hingehen soll – nach dem Motto:

«Gross zu denken und klein anzufangen» (H1, Director Partnerships, 2019)

Oder in anderen Worten:

«start small, scale fast» (B1, RPA-Consultant, 2019)

4.5.2 Management-Unterstützung

Die Unterstützung durch das Management ist bei jedem Projekt von Vorteil. Bei einem RPA-Vorhaben scheint sie jedoch ein besonders wichtiger Erfolgsfaktor zu sein. Alle Interviewpartner haben übereinstimmend erwähnt, wie wichtig es ist, dass ein Vertreter des Managements vorangeht, die Wichtigkeit des Projekts betont und die Mitarbeiter dazu motiviert, intern beizuwohnen und mitzuziehen. In den Interviews wurde berichtet, dass man zu Beginn von Projekten, bei denen der Sponsor in der Hierarchie tiefer angesiedelt ist, beispielsweise durch einen Fachbereichsleiter, gut vorwärts kam, das Vorhaben anschliessend aber doch versandete. Wenn das Vorhaben nur aus einem Fachbereich Unterstützung erhält, ist es wie in einem Silo gefangen und es ist schwierig, die Technologie im Unternehmen auszudehnen. Attraktiv wird RPA aber meist erst dann, wenn es skalieren kann. So war in den erwähnten erfolgreichen RPA-Projekten jeweils ein Geschäftsleitungsverteter der Sponser. Die nachfolgende Aussage bringt es auf den Punkt:

«Es geht nicht ohne an ein Minimum von Executive Sponsorship, sonst steht man immer irgendwo an.» (B3, Associate Partner, 2019)

4.5.3 Change-Management

Ein weiterer wichtiger Erfolgsfaktor, der von mehreren Interviewpartnern genannt wurde, ist die Einführung eines geeigneten *Change-Managements* zu Beginn des Vorhabens. Die Mitarbeiter sollten so früh wie möglich auf die Reise mitgenommen werden. Ferner ist es von Bedeutung, dass aktiv informiert und klargestellt wird, was die Ziele der RPA-Einführung sind. Wenn keine Rationalisierung und kein Abbau von Stellen verfolgt wird, was bei allen Interviewten der Fall war, sollte dies den Mitarbeitern möglichst früh kommuniziert werden. Weiter sollten die effektiven Ziele erläutert werden, beispielsweise eine Steigerung der Qualität oder die Möglichkeit, den Mitarbeitern für die wichtigen Aufgaben mehr Zeit zur Verfügung zu stellen, indem sie von den repetitiven Tätigkeiten entlastet werden.

Das Aufzeigen der Funktionsweise von RPA mithilfe eines *Proof of Concept* oder eines Pilotprojektes in den betreffenden Fachabteilungen wurde in diesem Zusammenhang ebenfalls als hilfreich genannt (vgl. 4.2.2). Schliesslich sollte man schnell vorwärts machen und Fakten schaffen, wie die folgende Aussage verdeutlicht:

«Das Beste ist tatsächlich, wenn man einen Roboter in ihrer Einheit baut. Dass sie wirklich sehen, was ein Roboter macht. Dann begreifen sie langsam, um was es geht. Dann gehen sie Kaffee trinken und erzählen davon. Das reine Top-Down-Erklären, egal wie schön und blumig die Slides sind, ist schwierig.» (A1, Head of RPA Global Competence Center, 2019)

Im Rahmen des *Change-Managements* sollte zudem sichergestellt werden, dass die betroffenen Mitarbeiter im Vorhaben integriert und begleitet werden. Das Projektteam soll sich in einem ständigen Austausch mit den jeweiligen Fachabteilungen befinden, beispielsweise in Form von regelmässigen Treffen mit den betroffenen Mitarbeitern, um Meilensteine und allfällige Probleme offen zu diskutieren. Ferner sollten die Mitarbeiter der Fachabteilungen Aufgaben im Vorhaben übernehmen und sich mit den Ergebnissen identifizieren können. Beispielsweise bewährte es sich, dass Ergebnisse nicht durch externe Berater, sondern durch interne Mitarbeiter der Geschäftsleitung präsentiert werden. Nebenbei hatte es den Vorteil, dass die Wirkung besser ist, wenn ein eigener Mitarbeiter von den Vor- und Nachteilen erzählt.

4.5.4 Governance

Die Governance ist ein wichtiges Thema, dem man sich annehmen und wofür man sich Zeit reservieren sollte. Durch das Automatisieren von Prozessen hat man noch keine *Governance*, eine solche ist jedoch für den mittel- und langfristigen Erfolg des RPA-Einsatzes entscheidend. Dafür sind Kriterien und eine Methodik für die Bewertung der Prozesskandidaten sowie ein Gremium, das diese Bewertung abnimmt, nötig. Zudem sind die Rollen klar zu definieren – beispielsweise wer für die Abnahme der Roboter-Spezifikationen verantwortlich ist, wer für den Unterhalt der Systeme zuständig ist, wer im Betrieb allfällige Anpassungen am

Roboter durchführt und wer zuständig ist, wenn ein für den Roboter unvorhergesehenes Ereignis eintritt. In anderen Worten formuliert: In der Organisation muss eine *Governance* aufgebaut werden, die den transparenten und sicheren Einsatz von RPA als Ganzes sicherstellt.

Von Vorteil kümmert sich eine zentrale Stelle oder ein Team um die *Governance* und deren Umsetzung. In diesem Zusammenhang wurde in den Interviews der Begriff *Center of Excellence* erwähnt, das sich auch um die Sicherstellung der Dokumentation aller Schritte – von der Identifizierung der Prozesskandidaten über die Spezifikation der Roboter bis hin zum Betrieb und Unterhalt – kümmert. Für den Aufbau eines *Center of Excellence* können Beratungsunternehmen beigezogen werden, um aus den Erfahrungen anderer Unternehmen profitieren zu können.

4.5.5 IT-Beteiligung

Die von den Interviewpartnern geschilderte Skepsis und der Widerstand der IT-Abteilung wurden bereits behandelt (vgl. 4.4.2), aufgrund deren Wichtigkeit wird im Folgenden auf die Bedeutung einer frühen IT-Beteiligung näher eingegangen.

Dass die IT-Abteilung von Beginn an in das RPA-Vorhaben einbezogen wird, ist einer der meistgenannten Erfolgsfaktoren, weshalb Beratungsunternehmen bereits im ersten Kundenkontakt darauf hinweisen. Einerseits sollte die Technologie geklärt und andererseits auch mögliche Vorteile für die IT erläutert werden, wie die folgende Aussage zeigt:

«Verständnis zu schaffen, was RPA ist. Es muss jeder verstehen, dass wir keine neuen Daten generieren, dass wir die bestehenden Applikationen mit ihren Validierungen und ihrer Security wiederverwenden. [...]. Dass RPA auch ein wertvolles Toolset für die IT sein kann. Also wir können die Roboter beispielsweise als API exposen und so Legacy-Applikationen über API zugänglich machen.» (B3, Associate Partner, 2019)»

Ein interviewtes Unternehmen stellte sich zu Beginn der RPA-Einführung die Frage, ob RPA *Enduser-Computing* ist oder durch die IT-Abteilung administriert wird. Die Verantwortlichen hatte sich für Letzteres stark gemacht und die Erfahrungen während des Projektes gaben ihnen Recht. Da das Projekt bei der IT-Abteilung angesiedelt wurde, war die Administration und der Aufbau der *Governance* durch die bestehenden IT-Prozesse gegeben, was auch die IT-Verantwortlichen beruhigte. So wurde der IT die Angst genommen, dass womöglich aneinander vorbei gearbeitet wird. Weiter gilt es, sicherzustellen, dass die Zuständigen für RPA mit den

Verantwortlichen der Zielapplikation ein Gespräch suchen, bevor entschieden wird, einen Roboter zu konfigurieren. RPA sollte nur die zweit- oder drittbeste Lösung sein, um ein Problem zu lösen. Das Problem sollte grundsätzlich in derjenigen Applikation gelöst werden, wo es auftritt.

In den nachfolgenden zwei Kapiteln werden nun die aus den Interviews gewonnenen Aspekte zum Nutzen und zum Betrieb von RPA beleuchtet, bevor im Schlussteil dieser Thesis die Ergebnisse zusammengefasst werden.

4.6 Kategorie: Nutzen

Die Steigerung der Effizienz und die Skalierbarkeit werden als Voraussetzung für die Anwendung von RPA betrachtet. Die Kosteneinsparung sowie das Brechen von Spitzenauslastungen stehen hinter allen erwähnten Vorhaben, da sich der Aufwand für den Einsatz von RPA gemäss den Interviewpartnern (vgl. 6.4.2.2) ansonsten nicht lohnt. Eine Effizienzsteigerung äussert sich nicht zwingend in einem Personalabbau. So konnte dank RPA beispielsweise mit stark wachsendem Transaktionsvolumen umgegangen werden, ohne zusätzliche Mitarbeitende einstellen zu müssen oder ein zuvor ausgelagertes Servicecenter konnte wieder in die Schweiz rückverlagert werden. Aufgrund höherer Prozessierungsfrequenzen konnten zudem *Cutoff*-Zeiten verlängert werden, was dazu geführt hat, dass eine Bank beispielsweise Fremdwährungsbestellungen für den nächsten Tag eine halbe Stunde länger entgegennehmen kann.

Als deutlich geäusserter Nutzen sticht die Personalentlastung hervor. Dies äussert sich einerseits darin, dass die Mitarbeitenden deutlich weniger Überzeit leisten müssen und sich verstanden fühlen, wenn sie melden, dass sie mit ihrer Arbeit nicht mehr nachkommen, während andererseits die repetitiven, langweiligen Tätigkeiten zugunsten interessanterer Aufgaben wegfallen:

> «*Der Hauptmotivationsgrund aller Teamleiter und Abteilungsleiter ist, einfach diese dumme Arbeit von ihren zum Teil gut ausgebildeten und gut bezahlten Leuten wegzunehmen. Sich auf das konzentrieren zu können, wofür sie ausgebildet sind.*» (A1, Head of RPA Global Competence Center, 2019)

Ferner können mit RPA Prozesse automatisiert werden, deren Automatisierung bisher kaum oder nur sehr aufwändig möglich war. Als Beispiel kann die Bedienung einer externen Webapplikation genannt werden, die keine Schnittstelle anbietet oder der Einsatz von *Software as a Service* (SaaS), was meistens bedeutet, dass die Benutzeroberfläche die einzige Integrationsmöglichkeit ist.

Zudem wurden die hohe Umsetzungsgeschwindigkeit und die Flexibilität von RPA-Vorhaben hervorgehoben. Roboter können innerhalb von 2 bis 4 Wochen implementiert werden, wobei die Investitionskosten überschaubar bleiben:

«Mit Robotics kann man sehr agil sein, das heisst, wir brauchen kein grosses Investment in IT wie bei BPM, wo man zu Beginn viel in Hardware und Lösungen investieren muss, sondern man kann sukzessive anfangen. Das ist letztendlich auch der Charme von Robotics. Ich habe da nicht so grosse Abhängigkeiten. Ich kann wirklich agil und dynamisch einführen von klein nach gross. Natürlich muss ich mir Gedanken über ein Center of Excellence und ähnliches machen, wie ich dies unternehmerisch handhabe, aber grundsätzlich kann ich klein wachsen.» (H1, Director Partnerships, 2019)

Weiter wurde die Steigerung der Qualität erwähnt. Da die Roboter die Prozesse strikt nach Konfiguration ausführen, können die Risiken von bisher manuellen und sich wiederholenden Aktivitäten reduziert werden. Zudem wird die Transparenz erhöht, da jede Aktion eines Roboters protokolliert wird, was unter anderem im Kontext der Revisionssicherheit sehr positiv ist.

Es handelt sich zwar nicht direkt um einen Nutzen von RPA, doch die Automatisierung mit RPA wurde oft auch als Gelegenheit genutzt, um die entsprechenden Prozesse schlanker zu machen, indem seltene und unnötige Prozesspfade eliminiert wurden. Weiter wurde erwähnt, dass man davon ausgeht, dass sich Robotics als grundsätzliche Technologie etablieren wird und der Einsatz von RPA ein erster Schritt ist, als Unternehmen mit der Entwicklung mitzugehen.

Die Aussagen zur konkreten Messung des Nutzens waren eher spärlich. Oftmals wurden nur die Personalkosten und teilweise die Fehlerraten betrachtet, basierend auf Mitarbeiter-Feedback oder Stichproben. Eine exakte Messung des Nutzens, beispielsweise die Ermittlung einer Effizienzsteigerung mittels *Process Mining*, kam bei keinem der Befragten zum Einsatz.

4.7 Kategorie: Betrieb

Zum Abschluss des empirischen Teiles folgt ein kurzer Exkurs mit Fokus auf den erfolgreichen Betrieb von Robotern.

Sofern ein Unternehmen nicht bereits während der Konfiguration der ersten Roboter entsprechende Verantwortlichkeiten wie ein *Head of RPA* oder ein *Center of Excellence* definiert, besteht spätestens während des Betriebes ein Bedarf nach klaren Verantwortlichkeiten. So haben die Beratungsunternehmen derzeit zahlreiche Anfragen für die Begleitung beim Aufbau eines *Center of Excellence*. Für kleinere Unternehmen kann ein interner Aufbau zu aufwändig sein, weshalb RPA im Sinne von *SaaS* angeboten wird. Ein Lieferant übernimmt dabei den Betrieb und die Wartung der Roboter.

Bei der Verteilung der Verantwortlichkeiten auf die Bereiche des Unternehmens wurde von allen Interviewpartnern geäussert, dass die Prozessverantwortlichkeit – also alles, was den Prozess beinhaltet und wie er funktioniert – bei der Fachabteilung verbleiben sollte. So trägt beispielsweise die Fachabteilung die Verantwortung über die Überwachung der produktiven Roboter. Ein Roboter wird wie ein Mitarbeiter der jeweiligen Fachabteilung betrachtet. Er ist zwar physisch nicht da und benötigt keinen Arbeitsplatz, sollte der Roboter aber beispielsweise 'krank' sein (nicht korrekt funktioniert), so muss die Fachabteilung dafür besorgt sein, wie es auch bei einem Menschen als Mitarbeiter der Fall ist:

«Deshalb geben wir dem Business Owner auch ein First-Day-Welcome-Päckli. Jeder Roboter erhält einen Namen. In einer Tasche ist die Spezifikation mit einem schönen blauen Band plus Schokolade plus ein Welcome-Letter, wo auch steht, wer verantwortlich ist, die User-Id des Roboters und wo man anrufen kann. Das ist nicht zum Lustig-sein, sondern um dem Business Owner zu verstehen zu geben, du hast einen neuen Mitarbeiter. Du hast jemanden, den du zwar nicht siehst, einen virtuellen Mitarbeiter. Den musst du auch instruieren respektive bei uns frühzeitig melden, wenn sich am Prozess etwas ändert.» (A1, Head of RPA Global Competence Center, 2019)

Wenn es um den Betrieb des RPA-Systems geht, beispielsweise von *UiPath* oder *BluePrism*, braucht es einen klassischen Applikationsverantwortlichen, der üblicherweise in der IT-Abteilung angesiedelt ist.

Es hat sich herausgestellt, dass bei den Robotern nur wenig Aufwand anfällt, wenn die Zielapplikationen Änderungen oder einen neuen Release erfahren. Gründe dafür sind einerseits, dass die Konfiguration meist dynamisch erfolgt – es wird beispielsweise nicht definiert, wo der Roboter genau 'klicken' muss, sondern wie der Button beschriftet ist, wobei die Mehrsprachigkeit standardmässig unterstützt wird – und andererseits können sie auf einer Testinstanz ausgeführt werden, wobei je nach Hersteller jeder einzelne Schritt graphisch in einem Flussdiagramm verfolgt werden kann. Es kommen zudem Tools zum Einsatz, in denen administriert wird, welche Roboter auf welche Zielapplikationen zugreifen. So kann im Falle eines Releases einer Zielapplikation einfach ermittelt werden, welche Roboter getestet werden müssen.

Das Testing von Robotern ist abhängig von der Datenqualität der jeweiligen Testumgebung. Insbesondere in der Finanzdienstleistungsbranche haben die Testdaten aufgrund ihrer Vertraulichkeit oft nicht die gleiche Qualität wie in der Produktion. Die Testdaten sind meist anonymisiert und es handelt sich nur um einen Ausschnitt. So treten in der Produktion trotz vorgängiger Analyse und Tests unerwartete Situationen auf. Aus diesem Grund ist es wichtig, dass ein gutes Monitoring- und Controlling-Konzept existiert. Bei hoher Kritikalität eines Prozesses kann in den ersten Wochen nach Inbetriebnahme ein sogenannter *Hypercare-Modus* zum Einsatz kommen, im Rahmen dessen die Fachabteilung von RPA-Spezialisten sehr eng betreut wird und täglich mehrere Kontrollen durchgeführt werden, um sicherzustellen, dass der Roboter einwandfrei funktioniert.

Ein interviewtes Unternehmen setzt gar einen zentralen Kontrollraum ein, der über ein eigenes *RPA-Dashboard* verfügt, um den aktuellen Status der Roboter-Ausführungen zu überwachen. Die Roboter protokollieren ihre Aktionen und für unerwartete Ereignisse werden Überwachungsagenten in der Robotik-Infrastruktur installiert, die den Fehler abfangen und einen Alarm an den Kontrollraum senden.

5 Schlussfolgerungen

5.1 Zusammenfassung der Ergebnisse

Mit Fokus auf die Kernforschungsfrage werden nachfolgend die Erkenntnisse der Empirie den Erkenntnissen des theoretischen Teils zusammenfassend gegenübergestellt. Die einleitend aufgestellte Arbeitshypothese wird aus Gründen der Übersichtlichkeit nicht aufgeführt. Sie deckte sich weitgehend mit den Erkenntnissen des theoretischen Teils und wurde von ihr weiter detailliert sowie ergänzt (vgl. 2.8).

Erkenntnisse des theoretischen Teils	Erkenntnisse des empirischen Teils
Es lohnt sich nicht, schlechte Prozesse mit RPA günstiger zu machen (Kleehaupt-Roither & Unger, 2018, S. 53; Bremmer, 2018a, S. 2). Es ist zentral, dass vor der Automatisierung alle Varianten des Prozesses vom In- bis zum Output bekannt sind und die weniger optimalen Pfade eliminiert werden (Scheer & Feld, 2017b, S. 6; Bremmer, 2018b, S. 2; Singh, 2018, S. 43; Weldon, 2018, S. 3).	Ein Prozesskandidat wird vorgängig auf dessen Eignung geprüft und durch das Projektteam detailliert analysiert, spezifiziert und ggf. optimiert. Erst im Anschluss wird eine Automatisierung mit RPA begonnen (vgl. 4.2.2 und 4.3). Das Projektteam besteht aus mindestens einem Vertreter der betroffenen Fachabteilung, der den Prozess sehr gut kennt (vgl. 4.2.1).
Das Vorhaben sollte von Beginn an durch die Geschäftsleitung stark unterstützt werden. Den Fachabteilungen sollte es erlaubt sein, die Führung zu übernehmen, während die IT-Abteilung ebenfalls frühzeitig involviert werden sollte (protiviti, 2019, S. 8; Lacity & Willcocks, 2016, S. 43-48; Willcocks, Lacity, & Craig, 2015b, S. 29-34).	Die Unterstützung mindestens eines Geschäftsleitungsvertreters ist zentral, beziehungsweise sogar eine Voraussetzung für den Erfolg des Vorhabens (vgl. 4.5.2). Ebenfalls eine zentraler Erfolgsfaktor ist die möglichst frühzeitige Beteiligung der IT-Abteilung (vgl. 4.5.5 und 4.4.2).
Nicht primär das schnelle Aufweisen eines Er-folges, sondern die systematische Identifizierung und Priorisierung von geeigneten Pro-zesskandidaten und damit auch der Entscheid für den ersten Prozess (Pilot) werden als wichtig für den Erfolg betrachtet (Weldon, 2018, S. 3; Deloitte, 2016, S. 9; Bremmer, 2018a).	Ein möglichst schneller Beginn mithilfe eines *Proof of Concept* oder eines Pilotprojekts ist von Vorteil, wobei letzteres bevorzugt wird (vgl. 4.2.2). Der im Pilotprojekt zu automati-sierende Prozess sollte eher klein und über-sichtlich sein und nach Möglichkeit struktu-rierte Daten von einer Quelle in ein Ziel-system eingeben.
Die Mitarbeiter und Roboter sind in ein Gesamtkonzept einzubinden (Bremmer, 2018b). Die Akzeptanz der Mitarbeiter wird in diversen Quellen als wichtiger Erfolgsfaktor gesehen (Lacity & Willcocks, 2016, S. 46-49; Schmitz, Dietze, & Czarnecki, 2019, S. 30-31).	Ein zentraler Erfolgsfaktor ist die Einführung eines geeigneten *Change-Managements* zu Beginn des Vorhabens. Die Mitarbeiter sollten damit unter anderem so früh wie möglich über die Ziele der Einführung von RPA informiert sowie im Vorhaben integriert und begleitet werden (vgl. 4.5.3).

Erkenntnisse des theoretischen Teils	Erkenntnisse des empirischen Teils
Eine agile Vorgehensmethodik wird in diversen Quellen für RPA-Projekte explizit empfohlen (Kirchmer, 2017; Bremmer, 2018a; Schmitz, Dietze, & Czarnecki, 2019, S. 30-31). Cewe, Koch und Mertens (2018) haben einen konzep-tionellen Ansatz für RPA-Projekte entwickelt, der die agile Vorgehensmethodik unter anderem mit der Idee des *TTD* kombiniert (Cewe, Koch, & Mertens, 2018, S. 645-646).	Die Projektphasen, wie die Analyse und das Design, werden mit Lieferobjekten abge-schlossen, bevor die Konfiguration begonnen wird. Letzteres erfolgt dann meist nach agi-len Ansätzen, mithilfe deren die Lösung mit *Backlog* und kurzen *Sprints* inkrementell umgesetzt wird (vgl. 4.2.2).
Eine übergeordnete Strategie, welche die langfristigen Ziele der Organisation definiert, unterstützt den erfolgreichen Einsatz von RPA (Kirchmer, 2017; Lacity & Willcocks, 2016). In diesem Zusammenhang kann RPA auch als Wegbereiter in der digitalen Transformation dienen (Schmitz, Dietze, & Czarnecki, 2019, S. 30-31).	Es ist wichtig, sich am Anfang des Vorhabens fundiert Gedanken zu machen, wie das Thema RPA langfristig im Unternehmen ein-gesetzt werden soll. Es gilt, klein anzufangen, dabei aber eine Vision zu haben, wo es hin-gehen soll (vgl. 4.5.1).
Der Dokumentation des gesamten Projektes ist eine zentrale Stellung einzuräumen, damit die Anforderungen aus den Bereichen wie Datenschutz, IT-Sicherheit und interner Revision erfüllt werden (Nöther, 2018).	Die Dokumentation aller Schritte, von der Identifizierung von Prozesskandidaten über die Spezifikation der Roboter bis hin zum Betrieb und Unterhalt, ist sicherzustellen (vgl. 4.5.4).
Für ein Gelingen muss eine Balance zwischen den Anforderungen der IT hinsichtlich der *Governance*, Sicherheit und Widerstandsfähig-keit und den geschäftlichen Anforderungen an eine schnell und günstig gelieferte Automati-sierung gefunden werden (Willcocks, Lacity, & Craig, 2015b, S. 29-34).	Eine Einführung von RPA bedingt oft ein Umdenken im Unternehmen, insbesondere für die IT-Abteilung. Die bestehenden IT-Policies sind meist (noch) nicht auf einen Einsatz von RPA ausgelegt. So empfiehlt es sich, genügend Zeit für die meist aufwendige Aufklärungs- und Überzeugungsarbeit einzu-planen und diese frühzeitig anzugehen (vgl. 4.4.2 und 4.2.2).
Es gilt, zu beachten, dass nicht jedes Problem mit RPA gelöst werden kann und sollte, weshalb deren Grenzen zu berücksichtigen sind (Bremmer, 2018a).	Bevor ein Roboter implementiert wird, sollte geprüft werden, ob in der Zielapplikation bereits alle Möglichkeiten ausgeschöpft wurden. Die Integration über die schon vorhandene Applikationslandschaft ist das primäre Ziel, während ein Roboter nur die zweit- oder drittbeste Lösung darstellt. Eine Ausnahme davon bilden Roboter, die taktisch und bewusst nur vorübergehend eingesetzt werden (vgl. 4.3 und 4.5.5).

Erkenntnisse des theoretischen Teils	Erkenntnisse des empirischen Teils
Ein *Center of Excellence* wird empfohlen, das sich um die Identifizierung und Priorisierung von Automatisierungsmöglichkeiten, das Kon-figurieren der Roboter sowie um das Monito-ring von produktiven Robotern kümmert (Lacity & Willcocks, 2016, S. 43-48; protiviti, 2019, S. 8).	Für den mittel- und langfristigen Erfolg eines RPA-Einsatzes ist eine *Governance* entscheidend, wobei unter anderem alle Rollen und deren Verantwortlichkeiten zu definieren sind. Von Vorteil kümmert sich eine zentrale Stelle respektive ein zentrales Team darum, beispielsweise in Form eines *Center of Excellence* (vgl. 4.5.4 und 4.7).
Ein permanentes Monitoring mit frühzeitiger Fehlererkennung wird empfohlen. Ein Roboter kann nur mit jenen Fehlern umgehen, an die während seiner Konfiguration gedacht wurde. Mit der Automatisierung können nicht berück-sichtigte Fehlersituationen zu grösseren Schä-den führen (Bremmer, 2018a; protiviti, 2019, S. 8).	Da die Testdaten den produktiven Daten meist nicht 1:1 entsprechen, ist in der Produktion mit unerwarteten Fällen zu rechnen. Insofern empfiehlt sich ein gutes Monitoring- und Controlling-Konzept (vgl. 4.7).
Im theoretischen Teil nicht enthalten	Für den Erfolg eines RPA-Vorhabens ist es wichtig, dass die Erwartungen an die Resul-tate realistisch sind. Insbesondere muss dem Sponsor möglichst früh aufgezeigt werden, was mit RPA aktuell möglich ist und was nicht, wozu auch die Einordnung und Ab-grenzung der künstlichen Intelligenz gehört (vgl. 4.4.3).
	Neben der Evaluation eines passenden RPA-Systems sollte für die Vorbereitung der Infra-struktur genügend Zeit eingeplant werden, beispielsweise müssen die Zugriffe auf die Zielapplikationen organisiert und sicher verwahrt werden (vgl. 4.2.3).

Tabelle 14: Gegenüberstellung der Erkenntnisse des theoretischen und des empirischen Teils

5.1.1 Fazit Gegenüberstellung theoretische versus empirische Erkenntnisse

Die Erkenntnisse des theoretischen Teils finden sich deutlich in den Erkenntnissen der Empirie wieder und sind somit plausibel. Die Unterstützung der Geschäftsleitung, die Einführung eines *Change-Managements* zur frühzeitigen Einbindung der Mitarbeiter sowie die stark thematisierte Beteiligung und Zusammenarbeit mit der IT-Abteilung, um nur die zentralen Beispiele zu nennen, treten dabei hervor. Auf den ersten Blick weichen manche Punkte voneinander ab. Im Detail betrachtet, werden die Erkenntnisse der Theorie jedoch durch die Empirie konkretisiert. So mag beispielsweise die agile Vorgehensmethodik nur innerhalb der Konfigurationsphase angewendet werden, doch die *Governance* und die Zusammenarbeit mit der IT-Abteilung erfordern eine vorgängige Spezifikation, um darüber entscheiden zu können, ob ein Roboter im konkreten Fall überhaupt die richtige Lösung ist. Solche Konkretisierungen, die insbesondere mehrere Faktoren miteinander kombinieren, sind zwar nur im Detail erkennbar, machen aber nach Ansicht des Verfassers die Erkenntnisse der Empirie wertvoll. Zusätzlich kamen durch die Empirie zwei wichtige Erfolgsfaktoren hinzu: Das Abholen der Erwartungshaltungen und die Vorbereitung der Infrastruktur.

5.1.2 Fazit Kernforschungsfrage

Aufgrund der Ergebnisse aus der Theorie, konkretisiert und ergänzt mit den Ergebnissen der Empirie, kommt der Verfasser zum Schluss, dass die Kernforschungsfrage nach zentralen Erfolgsfaktoren bei der Einführung eines RPA-Systems in Unternehmungen beantwortet werden konnte.

5.2 Kritische Würdigung der Ergebnisse

Die Literaturrecherche, durchgeführt anhand des *Handouts der Wirtschaftswissenschaften der Zentralbibliothek Zürich* (2018), legte ein breites Fundament. Dank verschiedener Quellen konnte ein Theorieteil verfasst werden, der einen guten Einstieg in das Thema RPA ermöglicht, den aktuellen Stand der Forschung aufzeigt und im Hinblick auf die Forschungsfragen eine breite Palette an Aspekten wiedergibt. In verschiedenen Gesprächen und im Rahmen der durchgeführten Interviews erhielt der Verfasser die Bestätigung, dass die Literaturrecherche für das gewählte Thema breit und vollständig ist. Obwohl er keine Vorkenntnisse im Bereich der RPA hatte, waren die Gespräche stets auf Augenhöhe und es traten keine Unklarheiten auf, die auf Lücken in der erarbeiteten Theorie hingewiesen hätten.

Da sich die Verbreitung von RPA, insbesondere in der ausgewählten Finanzdienstleistungs-branche, zurzeit noch im Anfangsstadium befindet und erfahrene Personen daher nicht in grösserer Anzahl zur Verfügung standen, erwies sich die qualitative Forschung mithilfe von Experteninterviews als eine gute Wahl. Hinzu kommt die charakteristische Offenheit der qualitativen Forschung, die sich gegenüber einer neuen Technologie wie RPA bewährte. Durch die induktive Kategorienbildung konnten während der Analyse beispielsweise zusätzliche Aspekte identifiziert werden. Weiter stellten sich die Interviewleitfäden als gute Hilfsmittel heraus, um möglichst zahlreiche und vergleichbare Antworten in Bezug auf die Forschungsfragen zu erhalten, ohne den Gesprächsfluss zu beeinträchtigen.

Eine höhere Anzahl an Interviewpartnern hätte allenfalls zusätzliche Aspekte zum Vorschein gebracht. Das Finden von RPA-Experten und die Vereinbarung von Terminen war jedoch kein leichtes Unterfangen. Umso erfreulicher war es für den Verfasser, mit sieben hochkarätigen Experten Interviews durchführen zu können.

Die eigenständige Erstellung der Transkripte trieb den zeitlichen Aufwand in die Höhe, was in Anbetracht des ohnehin dichten Zeitplanes eine Herausforderung war. Dennoch sieht sich der Verfasser in dieser Entscheidung bestätigt, da er mit der Transkription ein tieferes Verständnis zum Inhalt entwickeln konnte, was ihm bei der Analyse des Inhalts zu Gute kam. Die Ergebnisse der Empirie könnten noch weiter detailliert werden, um zusätzliche Zusammenhänge analysieren und Rückschlüsse auf den Erfolg eines RPA-Projektes ziehen zu können. Aus Sicht des Verfassers muss das Datenmaterial dafür aber grösser sein, was den vorgegebenen zeitlichen Rahmen deutlich sprengen würde.

5.3 Ausblick und weiterer Forschungsbedarf

Die Erwartungshaltung an RPA, konkret das Spektrum von Prozessen, die damit automatisiert werden können, ist generell hoch (vgl. 4.4.3) und wird dank des Hype rund um Robotics weiter zunehmen. Von den Interviewpartnern wurde der Bedarf, dass Roboter auch semi-strukturierte Daten auslesen können, häufig genannt. Dieses Bedürfnis wird wahrscheinlich auch die nächste Maturitätsstufe der Roboter sein. Von diesem Hype profitieren auch Hersteller. Neben der steigenden Kundenanzahl wächst auch das Risikokapital, das den Herstellern zur Verfügung gestellt wird. So sind die Hersteller von RPA-Systemen stark am Expandieren und erhöhen ihre Entwicklungskapazitäten. Alle sechs Monate liefern die drei Marktführer *Automation Anyhwere*, *Blueprism* und *UiPath* neue Versionen mit zusätzlicher Funktionalität aus.

Ein vielversprechender Ansatz ist die Kombination von Technologien. So strebt beispielsweise *UiPath* an, RPA mit künstlicher Intelligenz und *Natural Language Processing* (NLP) zu kombinieren. Indem Roboter mit Selbstlern- und Entscheidungsfähigkeiten ausgestattet werden, öffnen sich auch komplexere Anwendungsgebiete mit grossem Potenzial (Czarnecki & Auth, 2018, S. 128-129). An dieser Stelle besteht ein grosser Forschungsbedarf zur Frage, wie solche Technologien miteinander kombiniert werden können.

Mit Produkten wie *'Hey Alexa'* halten digitale Helfer den Einzug in das Alltagsleben. Die Vision *'Robot attended Desktop'* von *UiPath* adaptiert dieses Konzept auf den *Desktop*, was bedeutet, dass der Roboter auf dem *Desktop* der digitale Helfer des Mitarbeiters sein soll. Es geht dabei nicht darum, ganze Prozesse zu automatisieren, sondern den Mitarbeiter in seiner täglichen Arbeit zu unterstützen – beispielsweise, indem der Roboter auf Anfrage des Mitarbeiters Tasks übernimmt. Hierfür strebt *UiPath* eine Plattform an, die verschiedene Technologien miteinander vernetzt, wobei der Roboter die Spinne dieses Netzes ist. Neben den damit verbundenen technologischen Herausforderungen gilt es, den Einfluss auf potenzielle Einsatzgebiete und deren Konsequenzen zu erforschen.

Gemäss Scheer (2017b) werden wir durch die Automatisierung im Bereich der Bürotätigkeiten dieselben Folgen erleben, wie wir sie in der Industrie bereits hatten. Die Roboter werden zunehmend intelligenter, wodurch sich deren Tätigkeitsprofile von repetitiven zu entscheidungsintensiveren und kreativeren Aufgaben entwickelt. «So werden in einer zukünftigen Arbeitswelt gut ausgebildete Mitarbeiter durch kognitive Software-Roboter unterstützt und von arbeitsintensiven, repetitiven Prozessen befreit» (Scheer & Feld, 2017b, S. 16).

5.4 Abschlussbemerkung/Reflexion

Im *Master of Advanced Studies* (MAS) steht eine anwendungsorientierte Vertiefung der Kompetenzen im Vordergrund. Die dieser Thesis zugrundeliegenden Anforderungen der Hochschule für Wirtschaft Zürich (HWZ) erachtet der Verfasser als hoch und sehr wissenschaftlich orientiert. Es stellte ihn vor eine grosse Herausforderung respektive erforderte es einen sehr hohen zeitlichen Aufwand, um einerseits den wissenschaftlichen und andererseits den anwendungsorientierten Anforderungen gerecht zu werden.

Die vorliegenden Resultate beleuchten die wesentlichen Erfolgsfaktoren auf eine möglichst anwendungsorientierte Weise, was aus Sicht des Verfassers den Nutzen dieser Thesis ausmacht. Es kann wesentlich zum Erfolg einer RPA-Einführung beitragen, wenn sich ein Unternehmen diesen Faktoren – der Essenz aus den Erfahrungen erfolgreicher Einführungen – bewusst ist und diese frühzeitig in ihrem RPA-Vorhaben berücksichtigt.

Anhang

Quellenverzeichnis

Aguirre, S., & Rodriguez, A. (2017). Automation of a Business Process Using Robotic Process Automation (RPA): A Case Study. In J. Figueroa-Garcia, E. Lopez-Santana, J. Villa-Ramirez, & R. Ferro-Escobar, *Applied Computer Sciences in Engineering* (S. 65-71). Springer International Publishing AG.

Allweyer, T. (2016). *Robotic Process Automation - Neue Perspektiven für die Prozessautomatisierung.* Abgerufen am 18. Januar 2019 von www.kurze-prozesse.de: http://www.kurze-prozesse.de/blog/wp-content/uploads/2016/11/Neue-Perspektiven-durch-Robotic-Process-Automation.pdf

ATKearney & Arvato. (2018). *Robotic Process Automation - The impact of RPA on finance back-office processes.* Abgerufen am 18. Januar 2019 von crm.arvato.com: https://crm.arvato.com/en/solutions/crm-and-customer-services/download/whitepaper-robotic-process-automation-rpa-for-finance-back-office-processes.html

Bremmer, M. (22. Oktober 2018a). Robotic Process Automation - Erfahrungen und Best Practices. *COMPUTERWOCHE, 42.*

Bremmer, M. (9. Juli 2018b). Robotic Process Automation wird zur Einstiegstechnologie. *COMPUTERWOCHE, 27.*

Buck-Emden, R., & Alda, S. (2017). Systemunterstützung für wissensintensive Geschäftsprozesse. In T. Barton, C. Müller, & C. Seel, *Geschäftsprozesse: Von der Modellierung zur Implementierung* (S. 100-126). Wiesbaden, Deutschland: Springer Vieweg.

Cewe, C., Koch, D., & Mertens, R. (2018). Minimal Effort Requirements Engineering for Robotic Process Automation with Test Driven Development and Screen Recording. In E. Teniente, & M. Weidlich, *Business Process Management Workshops: BPM 2017 International Workshops, Barcelona, Spain, September 10-11, 2017* (S. 642-648). Springer International Publishing AG.

Czarnecki, C. (27. Februar 2019). *Robotergesteuerte Prozessautomatisierung.* Abgerufen am 17. Juni 2019 von www.enzyklopaedie-der-wirtschaftsinformatik.de: www.enzyklopaedie-der-wirtschaftsinformatik.de/lexikon/daten-wissen/Informationsmanagement/Informationsmanagement--Aufgaben-des/robotergesteuerte-prozessautomatisierung

Czarnecki, C., & Auth, G. (2018). Prozessdigitalisierung durch Robotic Process Automation. In T. Barton, C. Müller, & C. Seel, *Digitalisierung in Unternehmen: Von den theoretischen Ansätzen zur praktischen Umsetzung* (S. 113-129). Wiesbaden, Deutschland: Springer Vieweg.

Dawo, S. (2017). Die Nutzung von Robotic Process Automation in der Finanzfunktion. In M. Knaut, *Industrie von morgen* (S. 80-88). Berlin: HTW Berlin.

Deloitte. (2016). *Next generation automation Transform your business processes with robotic and intelligent automation.* Abgerufen am 19. 01 2019 von www.deloitte.com: https://www2.deloitte.com/ch/de/pages/technology/solutions/next-generation-automation.html

Dose, D. (Februar 2017). *Gastbeitrag: Robotic Process Automation (RPA) - Softwareroboter heuern bei Finanzdienstleistern an.* Abgerufen am 11. Februar 2019 von Digital Finance Experts: http://digital-finance-experts.blogspot.com/2017/02/gastbeitrag-robotic-process-automation.html

Drescher, A., Koschmider, A., & Oberweis, A. (2017). *Modellierung und Analyse von Geschäftsprozessen.* Berlin/Boston: De Gruyter Oldenbourg.

Dresing, T., & Pehl, T. (2018). *Interview, Transkription & Analyse* (8 Ausg.). Marburg: dr. dresing & pehl GmbH.

Ernst & Young. (2016). *Get ready for robots Why planning makes the difference between success and disappointment.* Abgerufen am 18. Januar 2019 von www.ey.com: https://www.ey.com/Publication/vwLUAssets/Get_ready_for_robots/$FILE/ey-get-ready-for-robots.pdf

Fischer, P., & Hofer, P. (2010). *Lexikon der Informatik* (15 Ausg.). Heidelberg, Deutschland: Springer-Verlag.

Gläser, J., & Laudel, G. (2010). *Experteninterviews und qualitative Inhaltsanalyse: Als Instrumente rekonstruierender Untersuchungen* (4 Ausg.). Wiesbaden, Deutschland: VS Verlag für Sozialwissenschaften.

Heinrich, L. J., Heinzl, A., & Roithmayr, F. (2004). *Wirtschaftsinformatik-Lexikon* (7 Ausg.). München, Deutschland: Oldenbourg Wissenschaftsverlag GmbH.

Kirchmer, M. (25. 06 2017). *Robotic Process Automation - Pragmatic Solution or Dangerous Illusion.* Abgerufen am 18. 01 2019 von www.researchgate.net: https://www.researchgate.net/publication/317730848_Robotic_Process_Automation_-_Pragmatic_Solution_or_Dangerous_Illusion

Kleehaupt-Roither, B., & Unger, T. (August 2018). Von RPA-Mythen zur Automatisierungsstrategie. *Controlling & Management Review*, S. 48-56.

KPMG. (2016). *Rise of the robots: Robotic processs automation can cut costs for financial services firms by up to 75 percent.* Abgerufen am 13. März 2019 von www.kpmg.com: https://home.kpmg/sg/en/home/insights/2016/12/rise-of-the-robots.html

Kroll, C., Bujak, A., Darius, V., Enders, W., & Esser, M. (2016). *Robotic Process Automation - Robots conquer business processes in back offices.* Abgerufen am 07. April 2019 von www.capgemini.com: https://www.capgemini.com/consulting-de/wp-content/uploads/sites/32/2017/08/robotic-process-automation-study.pdf

Lachmann-Nishibane, D. (20. August 2018). *Scrum und Kanban kurz erklärt.* Abgerufen am 18. Juni 2019 von www.mt-ag.com: https://www.mt-ag.com/scrum_und_kanban_kurz_erklaert/

Lacity, C. M., & Willcocks, P. L. (2016). A New Approach to Automating Services. *MITSloan Management Review, 58*.

Leichsenring, H. (02. Oktober 2018). Fünf Anwendungsfälle für Robotic Process Automation. *Der Bank Blog.*

Mayer, H. O. (2013). *Interview und schriftliche Befragung: Grundlagen und Methoden empirischer Sozialforschung* (6 Ausg.). München, Deutschland: Oldenbourg Wissenschaftsverlag GmbH.

Mayring, P. (2015). *Qualitative Inhaltsanalyse: Grundlagen und Techniken* (12 Ausg.). Weinheim und Basel: Beltz Verlag.

Meier, C. (Juli 2018). *Reader Wissenschaftsmethoden*. Abgerufen am 25. Juni 2019 von www.hwz.ch.

Nöther, J. (Oktober 2018). Robotic Process Automation (RPA) Das neue Outsourcing. *Praxis und Management*, S. 68-70.

Ostrowicz, S. (05. Februar 2019). Der Kollege Roboter wird immer klüger. *Der Bank Blog*. Abgerufen am 13. März 2019 von https://www.wiso-net.de/document/DBBL__37652024

Preussig, J. (2018). *Agiles Projektmanagement: Agilität und Scrum im klassischen Projektumfeld*. Freiburg: Haufe-Lexware Gmbh.

protiviti. (14. März 2019). *Looking Deeper into Robotic Automation*. Abgerufen am 29. März 2019 von www.protiviti.com: https://www.protiviti.com/DE-de/insights/looking-deeper-robotic-automation

Reinheimer, S. (2017). *Industrie 4.0: Herausforderungen, Konzepte und Praxisbeispiele*. Wiesbaden, Deutschland: Springer Vieweg.

Ruf, W., & Fittkau, T. (2008). *Ganzheitliches IT-Projektmanagement*. München, Deutschland: Oldenbourg Wissenschaftsverlag GmbH.

Scheer, A.-W. (2017a). *Performancesteigerung durch Automatisierung von Geschäftsprozessen*. Abgerufen am 17. Januar 2019 von www.aws-institut.de: https://www.aws-institut.de/wp-content/uploads/2017/11/031117_GPPerformance_44seiten_final_300dpi_2Aufl_einzel.pdf

Scheer, A.-W., & Feld, T. (Hrsg.). (2017b). *Wie Unternehmen von Robotic Process Automation profitieren*. Abgerufen am 11. April 2019 von www.aws-institut.de: https://www.aws-institut.de/wp-content/uploads/2017/09/2017.09.13_RPA-WorkingPaper_v10_final.pdf

Schmitz, M., Dietze, C., & Czarnecki, C. (2019). Enabling Digital Transformation Through Robotic Process Automation at Deutsche Telekom. In N. Urbach, & M. Röglinger, *Digitalization Cases* (S. 15-32). Springer International Publishing AG.

Schwarzer, B., & Krcmar, H. (2014). *Wirtschaftsinformatik: Grundlagen betrieblicher Informationssysteme* (5 Ausg.). Stuttgart, Deutschland: Schäffer-Poeschel Verlag.

Singh, M. (August 2018). Wenn Roboter zu Bankern werden. *Controlling & Management Review*, S. 38-47.

Stettler, D. (2018). Handout Wirtschaftswissenschaften: Einführung Literaturrecherche für Studierende der Wirtschaftswissenschaften. Zürich, Schweiz: Zentralbibliothek Zürich.

The Forrester Wave™: Robotic Process Automation, Q2 2018. (26. Juni 2018). Abgerufen am 18. Januar 2019 von www.forrester.com: https://www.forrester.com/report/The+Forrester+Wave+Robotic+Process+Automation+Q2+2018/-/E-RES142662#

UiPath. (kein Datum). *Errichten Sie Ihr Center of Excellence*. Abgerufen am 12. Juni 2019 von www.uipath.com: https://www.uipath.com/de/rpa/center-of-excellence

von der Aalst, W., Bichler, M., & Heinzl, A. (2018). Robotic Process Automation. *Business & Information Systems Engineering, 60*(4), 269-272. Abgerufen am 18. 01 2018 von https://rd.springer.com/article/10.1007%2Fs12599-018-0542-4

von Schönfeld, M. (2018). *Screen Scraping und Informationsfreiheit* (Bd. 101). Baden-Baden, Deutschland: Nomos Verlagsgesellschaft.

Weldon, D. (13. August 2018). 8 guidelines to help ensure success with robotic process automation. *information-management.com*.

Willcocks, L., Lacity, M., & Craig, A. (2015a). *Paper 15/02: Robotic Process Automation at Telefónica O2.* The Outsourcing Unit Working Research Paper Series.

Willcocks, L., Lacity, M., & Craig, A. (2015b). *Paper 15/05: The IT Function and Robotic Process Automation.* The Outsourcing Unit Working Research Paper Series.

Abkürzungsverzeichnis

ACM	Association for Computing Machinery
API	application programming interface
BASE	Bielefeld Academic Search Engine
BPM	Business Process Management
BPMS	Business Process Management System
BPO	Business Process Outsourcing
CRM	Customer Relationship Management
DNA	Desoxyribonukleinsäure (abgekürzt für englisch deoxyribonucleic acid)
DTTS	Deutschen Telekom Technical Service GmbH
ERP	Enterprise Resource Planning
GUI	Graphical User Interface
HWZ	Hochschule für Wirtschaft Zürich
KI_	künstliche Intelligenz
KPI	Key Performance Indikatoren
KYC	Know Your Customer
MAS	Master of Advanced Studies
NLP	Natural Language Processing
PoC	Proof of Concept
RDA	Robotic Desktop Automation
ROI	Return On Investment
RPA	Robotic Process Automation
SaaS	Software as a Service
SLA	Service Level Agreement
TDD	Test Driven Development

Tabellen- und Abbildungsverzeichnis

Tabellenverzeichnis

Tabelle 1: Aufbau Suchbegriff (Beispiel) 10

Tabelle 2: Ausgewählte Quellen 11

Tabelle 3: Unterschiede RPA – BPMS 21

Tabelle 4: Arbeitshypothese erste Forschungsfrage versus Erkenntnisse des theoretischen Teils 23

Tabelle 5: Anwendungsfälle 29

Tabelle 6: Nutzen 32

Tabelle 7: Herausforderungen 35

Tabelle 8: Arbeitshypothese Kernforschungsfrage versus Erkenntnisse des theoretischen Teils 42

Tabelle 9: Zielgruppen 46

Tabelle 10: Interviewpartner 47

Tabelle 11: Empfehlungen auf Antwortverzerrungen 55

Tabelle 12: Vorgehen qualitative Inhaltsanalyse 59

Tabelle 13: Kategoriensystem 63

Tabelle 14: Gegenüberstellung der Erkenntnisse des theoretischen und des empirischen Teils 83

Abbildungsverzeichnis

Abbildung 1: Wasserfallmodell versus agiles Vorgehen XII

Abbildung 2: Verteilung von Aufgaben nach Häufigkeit und Verschiedenheit 2

Abbildung 3: Aufbau und Vorgehensweise der Thesis 8

Abbildung 4: Vier Schritte der Recherche 9

Abbildung 5: 4-Stufen-Modell zur intelligenten Prozessautomation 13

Abbildung 6: Leistungsmerkmale RPA vs. kognitive Automation 15

Abbildung 7: Grundlegende Architektur von RPA 17

Abbildung 8: RPA bietet sich für Drehstuhltätigen an 24

Abbildung 9: Achsendiagramm Komplexität versus Prozessausführungen 26

Abbildung 10: Strukturierter Ansatz zur Priorisierung von
Automatisierungsmöglichkeiten 27

Abbildung 11: Roboter Konfiguration mit Bildschirmaufzeichnung und TDD 37

Abbildung 12: Methodisches Vorgehen Datenerhebung und -auswertung 45

Abbildung 13: dimensionale Analyse, Erfolgsfaktor 48

Abbildung 14: dimensionale Analyse, Einführung (Projekt) 49

Abbildung 15: dimensionale Analyse, RPA-System 50

Abbildung 16: Kategorien (qualitative Inhaltsanalyse) 61